【宇宙天／神様】から降り来るリアルRPG

「裏ご神事」霊媒開示録

著

宇宙巫女

Layra

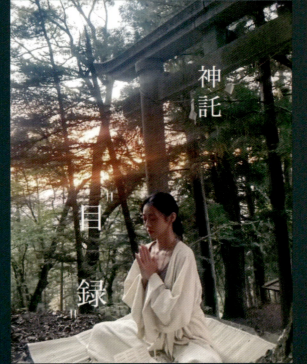

神託 "目録"

【上】宇宙天／神様より「目録」という啓示が降り、裏ご神事の開示が許可された（富士吉田の大明見にて９の姫を戻す繋ぎ）【下】天照国照彦天火明櫛玉饒速日尊の依代となる掛け軸の前での神降ろし（鎌倉の祭祀場）

【上】神々様へお繋ぎする本儀。祓い、ご祈禱をして護符を渡す。また神様にお聞きしたいことを口寄せする（鎌倉の祭祀場）【下】鎌倉・腰越の龍口明神社に、龍の目を開く6のご神事で呼ばれたとき。最初に三種の神器を授かったご縁の深い社でもある

豊蜘蛛の神が動き出す

神代七代の神々で、国常立神に次ぐ豊雲野神が、いよいよ動き出すという啓示。併せて「お上には闇雲に従うな」という古代蜘蛛族の反骨に重ねて蜘蛛の文字が降りる（長崎の佐久奈止神社）

【左上】大空を舞い翔る八大龍王の龍雲【右上】熱田神宮の大楠にいる光の白蛇さま【左下】右上に同じく大楠での霊的光パワーの写真【右下】愛知県豊川稲荷行脚にて。私を守護するお稲荷さんからの歓迎の光で、思わず涙がこぼれた

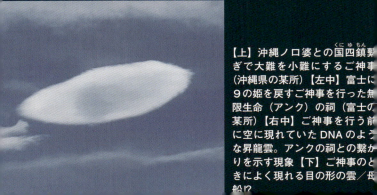

【上】沖縄ノロ婆との国四鎮斎(くにゆちん)ぎで大難を小難にするご神事（沖縄県の某所）【左中】富士に9の姫を戻すご神事を行った無限生命（アンク）の祠（富士の某所）【右中】ご神事を行う前に空に現れていたDNAのような昇龍雲。アンクの祠との繋がりを示す現象【下】ご神事のときによく現れる目の形の雲／長船⁉

【上】古代遺跡が発掘された真鶴にて。著者の左前方に祭祀の三ツ石を望む。久延毘古が海上より来臨し、その依代の象徴となる案山子のポーズに【左下】富士に隠された南極星（南極老人）の肝の位置を教える大きなUFO雲【右下】9を繋いだご神事の場のアンクの祠上空に留まり続けた神秘なる彩雲

【上】神人達の修行のための御嶽(うたき)【左中】夫婦で修行した御嶽の入り口に立ち込める白光雲(びゃっこうじゅ)【右中】神様への拝みを学ぶ御拝所(うがんじゅ)(沖縄県の某所)【下】夫婦でノロ婆から修行を受けたときの御嶽内部の様子

「神の仕組 見事成就いたすぞ。一厘のことは知らされんぞと申してあろう。申すと仕組成就せんなり。知らさんので、改心おくれるなり、心の心で取りて下されよ」

「世界中を泥の海にせねばならんところまで、それより他に道のない所まで押しせまって来たのであるが、尚一厘の手立てはあるのぢゃ」

【左上】御拝所で「8は繋がった。9を繋げ」の啓示を受けたときに降りた鋭い光のシグナル（沖縄県の某所）【右上】日月神示の一厘の仕組とシンクロする裏ご神事の数々【下】ブルーエイビアン・と大難を小難にするための対話中に現れた光の点滅を動画で撮影

地の球、大の地、銀の河の神々と
宇宙の種族たちの意を受けた
眠れる光の御使いたちに告ぐ
見ざる言わざる聞かざるの封印を解け！

これが真なる目醒めのために
宇宙天の神様方より降ろされた
火急の警めと勇みの実印なり
本来の我に返れ！　おのおのが自身を救いたまへ

大難を小難に繋ぎ替えるは今
おのおのが見極めの力、判断の力を鍛錬し
最善に勤しめよ、急げ
おのは神の子なり、愛と光の魂なり

はじめに

　皆様はじめまして、宇宙巫女 Layra と申します。

　このたび、宇宙天の神様方より、私がふだんやらせていただいております「裏ご神事」の体験録をライブ中継のごとく活字で公にするようにと言われました。

　これまでは人知れず裏の活動として、宇宙天の神様方の導きを受けながら、全国各地をめぐり、光の御柱を立てながら、そこに住まう民とその地域、さらに日本、世界の安寧と覚醒をご祈願するお務めをしてまいりました。

　しかし、この光のネットワーク／波紋を広げる神様ごとの活動を、いよいよ文字で公開し、少しでも相乗共振をともなうように世の動きを速めよとの命を受け取りました。

　それは地の球規模、日本の国自体、そして日本の民自身に、かつてない危機的状況が差し迫っていることの表れでもあります。この地の球を、日本の国を、日本の皆様を「大難から小難」に入れ替えるにはどのように行動すればよいか、そのことを具体的に即座に実践するときが、まさしく今であると強く感じております。

地の球は人体にたとえられましょう。そして人間は、地の球と生のハーモニーを奏でる胞子／細胞です。人間の動きは、地の球を活性化させる細胞にもなりえますし、病の原因となる毒を吐き散らかす細胞にもなりえます。

　そして、いま人間細胞の吐き散らかす毒が、人体たる地球に途轍もない、かつてないほど大きな影響を及ぼしています。このままでは、地の球は過去栄えては滅んだ文明のように、容赦なくリセット浄化（人間にとっての災害、天変地異）し、すべてがご破算へ働くことでしょう。それは、人間の想念意識の範疇をはるかに超えた宇宙の理のお話なのです。

　地の球の意識次元はまっとうな進化の道筋を歩み続けておられます。しかし、そこに住まう地の球の人々は、地の球に同調せず、おのずから成長進化にストップをかけて滞り、そのことによって、地の球で起こるあらゆる事象を複雑にして混乱させています。

　それは、小難を大難に繋ぎ替えるという宇宙進化の真逆の流れであり、大変危険な行為になっているのです。宇宙天の神様方、宇宙の種族も、いっこうに変わらぬ人間の意識の脆さ、拙さに、もどかしさを感じられております。

　恐怖や不安を煽ることは私の本意であるエネルギーからはず

れてしまいます。否定的なところから発する動機や行動だけでは、新しい再生と創造は生まれません。それでは、これまで滅んでは消えた過去の文明と同じ道をたどってしまいます。

　そうではなく、いかに新たな希望の世の在り様を皆様が思い描きながらご祈念できるか、それに向けてお一人おひとりが各々の役割をいかに実行できるかに、すべてはかかっております。地の球を活性化できる細胞として、宇宙の進化に同調できるか否か、その境目のときが今なのです。

　この本は、本来のエネルギーを起爆させる、エネルギー覚醒装置です。僭越ですが、私の体験を活字で見せることによって、その疑似体験はあなた様の現実／リアルへと書き換えられ、目覚めのスイッチを稼働させます。イメージがつかみにくいところは、ただただ書かれている文字に触れてページをめくり流せばよいとのことです。

　活字の中から何かご神事の動きに同調できるところは、想像を膨らませてみてください。ここに書かれていることは、宇宙天の神様方から降りてきたロールプレイングゲーム（RPG）であり、追体験するように情景を意識化すれば、脳髄奥と後頭葉にきっと響いてくるかと思います。

　これをきっかけに、後頭葉からハートへ、さらにあなたの中心軸から天と地が繋がり、あなたの中に眠れる本来のあなたが、

細胞が、魂が目覚め始めます。

　そして、本書の第二録では、私たち夫婦が日頃より公私にわたり教えをいただいている師匠であり、一緒に裏神業の活動をさせていただいております沖縄のノロ婆にも、迫り来る大難を小難に替えるために、私たち一人ひとりがどう行動していけばよいか、その大事な心得をインタビュー形式で初めて語っていただきました。

　ノロ婆も通常は公開の場に出ずに、沖縄にあるご自身の祭祀の場から日本と世界の平和を祈念し、人知れずご神事をされている尊い方です。裏をかえせば、そのノロ婆が今回表に出てくるということは、私たちのいる日本、地の球が、かつてないほどの危機を迎えているということにほかなりません。

　これからさらに、地の球規模、まつりごと、人の醜さと尊さなどにおいて、ますます激動の世に移り変わる中、この世に生まれ出でた魂本来のお役割に皆それぞれが動き始めれば、無用な争いや諍いを超えた次元の意識へ昇華できるようになるのです。

　大難を小難に、小難を無難にできるのは、お一人おひとり様おのおのの次元意識のボトムアップ如何に関わっております。ぜひ、大の地、地の球、銀の河、宇宙の理とともに、できる限

り多くの皆様と一緒に、新たな希望の世を見ることが叶いますようにと切に願ってやみません。
　そのための一助に本書が少しでも成りましたら、心よりうれしく有難く思っております。

宇宙巫女 Layra

目次

はじめに —— 2

第一録 「神／己の真姿を見ざる」をひっくり返せ！

「宇宙番」霊媒巫女の知られざる裏神業
リラ星ライラ、玉依姫、饒速日、瀬織津姫etc.
——神々との交流秘録

「種の保存の法則／本来の性と食」に沿うて神と生きる
クンダリーニ覚醒から目醒めた霊力と超意識 —— 21

使命を遂行するための住に移り、拠点を整えよ
その**地産の食**から意識も鋭敏に変化してゆく —— 22

霊媒巫女になり**玉依姫**を降ろすお役割に
神様の**依代（尸童）**になるとはどういうことか —— 23

リラ星ライラ、ツタンカーメン、クレオパトラ登場——
UFOに乗せられ「天地開闢の**歴史改竄**を暴露せよ」の指令 —— 28

自分龍に目覚める次元へ速やかに駆け上がれ！
お稲荷さん、大日如来、弥勒菩薩、烏天狗からのサポート —— 30

豊玉姫と玉依姫の神降ろし人が物質界で合流
世の分裂を**和合**するために動き始めよ —— 35

金時山・**金太郎**のまさかりを使って
河童の**富士山洞窟**で幽閉されていた豊玉姫を解放！ —— 37

ヒカルランドさんと出合うが……
情報開示は「今は、やめろ」というお告げ —— 40

あらゆる事象を変幻させる**天の力**に導かれて
沖縄で**龍の子**を授かる —— 42

源頼朝ゆかりの**熱田神宮で**
頼朝との過去世の深いご縁を知る —— 47

出会う日を**予言で**知っていたノロ婆
ノロを継ぐ者が語る**啓示と龍神とカンダーリ** —— 51

ノロ婆のもとで**神様ごとの修行**が始まる
人口3分の1に激減する大難を小難にする活動へ —— 53

神様ごとをやる者が持つ**霊的なアイテム**
邪神に惑わされず任務遂行に必携のものとは —— 54

**ご神事をやる者が表に出るのは本来NG
だが、人間の意識替えのために神の許しが出た** —— 55

**大己貴の龍蛇神が出てきて指令が
天照国照彦天火明櫛玉饒速日尊の御霊を入れよ！** —— 57

神議りの**出雲**と**熊野**の玉置神社を結ぶ旅
禊ぎの大嵐を潜り抜け、玉を繋ぐご神事を決行 —— 61

八雲と熊野を結ぶ旅の謎が解けた
隠されていた**瀬織津姫**と**如意輪観音**が繋がる —— 63

『天津金木』に在る**神々の内在者**たちが次々現る
その者たちと一緒に大難を小難に繋ぎ替えよ！ —— 67

秩父の**雲取山**近くで苦も取り
玉を納めて**天門**が一つ開く。残るはあと三つ……？ —— 71

妙見信仰の術と如意輪観音の導きで
倶利伽羅大龍不動明王を家の祭祀場に祀る —— 76

忌部、玉依姫、リラ、賀茂郡の関係が巡り始め
ふたたびヒカルランドさんと遭遇 —— 81

五色の**黄色（金龍）**日本人が世界の大元
真実の歴史を表に出すことが未来への大事な鍵 —— 83

「**坤の金神を、艮に戻せ**」という重要な啓示
南から北へ繋ぎのご神事をせよという**宇宙天**の声 —— 86

隠されていた**スサノオ＝饒速日**の系譜
国常立大神の流れを表に出せという啓示 —— 87

太陽より**北斗七星**と**阿比留草文字**のビジョン
「24、25年の一大事に十種神宝を使え」という**空海**の指示 —— 90

プレアディアンから届いた**8のメッセージ**
すべて疑念をもたずに実行せよ！という応援の言葉 —— 93

虫（精霊）の使い手であるノロ婆を通じ
ケプリ神から国四鎮の Go サインが出た —— 94

シラサギ出現による霊的暗示
カンダーリで高野山・空海の護摩焚きを葉山で —— 96

先代旧事本紀の黙示録に記されていた
「**十種神宝**」で日本を守護する鎮魂の法を学ぶ —— 98

木花開耶姫の神託で**目の神**、聖徳太子と共に
9の姫を富士に連れ戻す —— 101

腎臓の激痛でわかった**ご先祖**からのメッセージ
富士に北斗七星の結界がある…… —— 106

富士のご神事で起きた神秘の現象
「**世の事実は少しズレたところにあり**」の霊的な暗示 —— 112

北極老人と**南極老人**が唱える長寿の話
生命の神秘にも真反対の隠喩が含まれる —— 114

降りてきた「**富士の噴火を鎮める啓示**」は
日月神示の御言葉とシンクロしている —— 117

切迫した現況とかけ離れた世の中の空気感
一挙に足をすくわれぬための**裏ご神事**を続行中 —— 121

第二録 「神/己の真声を聞かざる」をひっくり返せ！

大難を小難に替える力を
一人ひとりが
どう積み上げていくか
沖縄ノロ婆から届いた
緊急のメッセージ

ご神事をやる者たちの相談も引き受ける
神様の道を通すノロの知られざる裏世界 —— 129

小学校低学年から**神霊現象**は始まっていた
神様ごとの世界に**選ばれし者**の返事は、イエスしかない —— 132

結婚して本土に移り住むが……
沖縄の**祖神様**に引き戻されることに —— 134

Layra夫婦との**必然の出会い**
ご神事をやる者も**自由を尊重**する生き方であれ —— 136

春に**トンボ**が大量出現「前に進め！」の啓示
祈りの電波で人を動かす者たちの見えざる闘い —— 141

大難は、悪い血を**新しい血**に入れ替えるため?!
だからこそ何時も神様への**敬意と謙虚さ**を忘れるな —— 145

神様、仏様、ご先祖様へのバランスを同時にとれ
3つの祈りが、病的な人間性を変えて救う —— 150

命がけで**神様に仕える世界**から見えること
小難を大難にしてしまう人達の**危険なふるまい** —— 154

神様、仏様の助けがないことを嘆く前に
自分の**精神状態**が招いたことに気づくこと —— 157

今は、生き残りの確率**30%〜50%**……?!
救うだけではなく反省させる**痛撃**も伴って事は起こる —— 161

本で一番伝えたいのは、地球を大事にする**祈りの意識**に
変われば神様は**生きる道**を与えくださるということ —— 165

電波をキャッチできた人だけがノロ婆のところへ
その人たちが光の教えを広める**ネットワーク**に —— 172

自分自身の判断がすべて**我**に返ってくる
今問われているのは、人類自身の**愚かな行い** —— 176

プラスの繋がりが、さらに上の**プラスに連鎖**する
神様繋ぎで必然の「**ご縁広がり**の宇宙法則」 —— 181

大きな力を持つところにも**屈しない**
従うのは人ではなく、神様であるという**一念** —— 185

神様が教える発信内容をいかにキャッチするか
親は神様、自分は使われる身というスタンス —— 187

動物にも大事な存在として接すること
悪心は、反省と神様への祈りで**再生**できる —— 192

プラス波動の使い方の教え
いい気を受け取れる**見極めの力**とは —— 193

眠りの夢の中で啓示が始まることも
神様からのメッセージは鮮明に見せられる —— 195

幸せでも幸せと感じられない人は**病気**
手を差し伸べても動かない人は**ノアの方舟**に乗らない人 —— 200

風神・雷神・龍神の合体で大きな**神力**に！
神パワーの根源こそ**愛**で、人の助けになってゆく —— 204

自分を見失わず、気づく・見抜く力をどう養うか
ロボット化を阻止！ 生身の人間の喜びも満喫しよう —— 206

第三録 「神／己の真実を言わざる」をひっくり返せ!

宇宙天／神様方の啓示はこうして降ろされる霊媒巫女が行う秘儀「国難回避」と「真我開発」の舞台裏

解読に1日かかる**啓示降ろし**と
ノアの方舟に乗る人への**護符・御霊**を渡すお務め —— 215

我事だけに振り回される人に国は救えない
神業口伝術、真実体感センサーをいかに磨くか —— 217

「神様ごとの学校」の師匠(ボス)ノロ婆の教え
霊的アイテムも磨けば**バージョンアップ**する —— 222

「**備蓄、養生せよ**」の啓示で身近に生死を見る体験／
その時、石川の地震で**地のエネルギー放出**を体感 —— 224

地震を抑えてくれている**九頭龍**にも異変あり
伊勢の火おこしで「出動せよ」のサインが —— 226

菅原道真が「僕に繋がれ」と言ってきた理由
降りてきた記録を**世に残す**ための応援サポート —— 229

空海や吉備真備の厳しい指導で
裏神業の**黙示録**を開示する動きを加速 —— 232

ご神事やる者に認められた神様からの実印
その御紋を**玉手箱**に入れる裏神業の秘儀 —— 236

ヤマトタケルから「あなたのエネルギーをいただいた」
茨城の**地震**を抑えるために降りてきた言葉 —— 237

エジプトの女神セクメトが現れる
ライラン種族からの超高度なエネルギー御言葉 —— 240

日本の地震は「**バヌアツの法則**」に注視せよ
不条理な世を火であぶり出し揺るがし更地にする —— 244

沖縄にて重要な「**つがいのご神事**」を決行！
善と悪、破壊と平和、疫病と癒やしを**繋ぐ** —— 246

第3の目を復活させて「勘」を機能させること
それが、**救われる者**を増やすことに繋がる —— 249

10に秘められた世の扉を開くという啓示が
十種神宝の鎮魂の法も目覚めを加速させる —— 253

沖縄入り前に訪れた**諏訪**での不思議現象
今までの**活動**がすべて繋がっていることを確信 ── 255

沖縄のご神事で**色のついた珠**が降りてきた
神様ごとの活動が、**第2章**に突入したことの啓示 ── 256

沖縄取材の日に発生した大規模な**太陽フレア**
「**7つの龍の悪さ**」を鎮めるご神事で大事に至らず ── 259

疫病や伝染病の猛威が意味すること
死ぬか生きるか、血の入れ替えの時迫る!? ── 261

2024年、2025年をどう乗り越えるか
本当の心の入れ替えができれば、以後はよき流れに ── 265

カバーデザイン　森　瑞（4Tune Box）
編集協力　宮田速記
校正　麦秋アートセンター

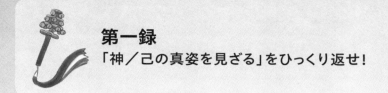

第一録
「神／己の真姿を見ざる」をひっくり返せ！

「宇宙番」霊媒巫女の知られざる裏神業
リラ星ライラ、玉依姫、饒速日、瀬織津姫etc.
——神々との交流秘録

本録は、2023年11月13日、鎌倉のホテルにて
著者にインタビューしたものを執筆編集してまとめたものです。

第一録 「神／己の真姿を見ざる」をひっくり返せ！

「種の保存の法則／本来の性と食」 に沿うて神と生きる
クンダリーニ覚醒から目醒めた霊力と超意識

　私が初めて宇宙と繋がり一体化したのは、今から十数年前のことです。主人との聖なるまぐわいの体験によってクンダリーニ覚醒したときでした。

　男女の繋がりの内奥部から、突然パッパーンと大音響が轟いて、龍の青と赤のエネルギーが、絡み合いながら上方に突き抜けて光の御柱が立ちました。そのときはじめて私は宇宙天に繋がったのです。

　宇宙と一つになったのだと悟りました。この性なる＝聖なる体験をきっかけに、神様のメッセージを受け取るようになり、宇宙種族の存在達とも繋がるようになっていきました。

　私は、もともと大阪で美容関係のお店を経営していましたが、３・１１の前にアートテン農法で知られる静岡の高橋呑舟先生と知り合ったことも人生を大きく変えるきっかけになりました。ある方の紹介でお会いしたのですが、私の中で「この方とお会いしなくてはならない」と、突き動かされるような強いエネルギーを感じ取ったのです。

　そのお会いした後に起きたのが３・１１でした。「ああ、そう

いうことなんだな」と、ライフラインの基本で最も重要な食の大切さもあらためて実感して、美容から食の世界へと一挙に方向転換し、さらに神秘なる神の世界に入っていくことになりました。

使命を遂行するための住に移り、拠点を整えよ
その地産の食から意識も鋭敏に変化してゆく

　3・11が起こる前に、旅行で湘南の海沿いを貫く国道134号沿いを案内してもらう機会がありました。そのとき「江の島には弁財天がいるんだよ」と説明されたのですが、この言葉を聞くやいなや雷が落ちたかのように、「住む！」という気持ちがどうにも抑えられなくなりました。

　湘南には知り合いもいませんでしたが、1年間、主人を説得し続けて、ついに大阪でやっていたことをすべてやめて、暮らしの拠点を鎌倉に移すことになりました。大阪でのお金やお店の経営など物質的なこと、またそれにともなう人間関係に追われていた状況も全部リセットすることに。お金の世界と複雑な人間関係もゼロになって、神様ごとをやる方向にシフトしていきました。

　しかしこの頃は、心労で体が結構やられ、また人には聞こえない声が聞こえて、高橋先生のところに月1〜2回のペースで通って、直流のエネルギーを入れてもらいながら、メッセージ

＊神の世界：クンダリーニ覚醒では、青と赤の龍のエネルギーが絡み合い、尾てい骨から背骨に走る流れ道のシュムナーを通って上昇。頭上に突き抜け、エネルギーが爆発して宇宙と一体化、すべてが繋がった感覚に。宇宙そのものになって、地球を眺めていた。その後、宇宙の神々とのチャンネルが繋がって、懐かしさと表現しきれないほどの至福感にも包まれた。

が来る源は何なのかなど相談に乗ってもらったりしていました。

　そんなときに、3・11が起きたのでした。このときあらためて食と人間の意識がいかに大事か、人間の意識や行動が地球に（物質的にも精神的にも）どれほど様々な影響を及ぼしているかも感じていくことになるのです。

　そこで主人のラーメン店の食材を、高橋先生の提唱されているアートテンにできるだけ切り替えて、お水もいいものを使ってやろうと始めたのが、鎌倉の「AWANOUTA」というお店でした。

　私たちは大阪でラーメン店も数店舗経営していましたが、私が鎌倉に来ると言って聞かなかったことで、大阪の店は主人の親と私の弟が持つことになりました。あちらはド豚骨で濃い味わい、こちらはオーガニックのコンセプトでやっていくことになりましたが、これにより、食へのこだわり*や様々な出来事に対して問題意識の高い人が、私たちのところへ多く来店されるようになりました。主人も天の意の導きに沿って食を提供するという意識の流れに替わりました。

霊媒巫女になり玉依姫を降ろすお役割に 神様の依代（尸童）になるとはどういうことか

　鎌倉の地で、見えない世界の声が聞こえるようになったある日のこと。

＊食へのこだわり：その扉を開いてくださり、お世話になった井上祐宏さんの著書『奇跡の農業革命』井上祐宏著。私達夫婦と高橋呑舟先生を繋いで下さった恩人であり、魂の恩師と言っても過言ではない。

「宇宙番」霊媒巫女の知られざる裏神業　リラ星ライラ、玉依姫、饒速日、瀬織津姫etc.
——神々との交流秘録

（左上）鎌倉の七里ヶ浜にあるラーメン店「AWANOUTA」。「愛の波紋が細胞から響き渡り、地球、すべての生命体が喜び蘇る」がブランドコンセプト。テラヘルツ水を使用。支えて下さるお客様、関わる全てのお蔭様を忘れずに精進の日々（右上）FMラジオ横浜に出演時の写真。主人と息子、スタッフとともに（右中）開店当初の宣伝イラスト。まだ世の闇世界を知らずに、偽のミッキーマウスを暗に無意識に描いていた（右下）ラーメン*。オーガニックを超えた安心安全な食材を求めてアートテン・テクノロジーにたどり着く

第一録　「神／己の真姿を見ざる」をひっくり返せ！

　見えないものが見える人たちが突然「ＡＷＡＮＯＵＴＡ」のお店に訪ねてきて、「君は巫女をするんだよ」と言うのです。

　私は最初「巫女っていったい何のこと？」という感じでした。その人は修験道、山伏のおさ（長）を務めている人で、「男しか入れないけれども、君は入山させるから、修験をやりなさい」。そのときは心労が重なり寝たきりに近い状態でしたが、主人が「僕と一緒の龍族の人だから、会ったほうがいいよ」と言うので会ったところ、「君は、（巫女になり）玉依姫さんをやらなきゃいけない」と言い出すのです。

　鎌倉に、私たちの氏神となる龍口明という神社があります。そのときは知らなかったのですが、その山伏の長は、ここの神社の近くにある玉依姫の依代をお祀りする祠（ほこら）の地主でもありました。日頃は新潟に住んでおり、鎌倉の依代がある祠は留守がちとのこと。そこで、玉依姫が山伏の長に降りてきて、神様の依代（尸童）を放ってはおけないから、「近くにいる君が巫女をして玉依姫を降ろし、依代のお役割を担うように」と告げられたとのことでした。

　「神様を預かるってどういうこと？」と思ったのですが、「後になればわかる」と言われ、龍口明神社の宮司さんにご祈禱してもらった勾玉の願い石というものを預かることになりました。そして、「参詣の人が訪ねてきたら、依代がある祠のご案内役をしなさい」と言われたのです。

　それからは、お店のお手伝いをしながら、そちらに訪ねてく

＊「ＡＷＡＮＯＵＴＡ」ラーメン：愛情いっぱいの弘本農園さんのアートテン農法による〝つるちゃんねぎ〟を使用したラーメン。

25

る人たちの案内を務めることになりました。「ここはすごいですね」と龍と玉依姫のパワーを体感しに来られる人がたくさん訪れるのを見せられて、神様の意を預かりながら人様に繋げることの重要な意味がわかるようになっていきました。

　当時は、神様としゃべるためチューニングに意識を集中して、一日中、部屋に閉じ込もり、玉依姫様*といろいろなことについて対話を重ねていました。

　対話のなかでとくに、男女の性的なもの、まぐわいについては、これまでの在り方が、本来の意義からずれていて、否定的にねじ曲げられているのではとお話ししました。そう強く感じられたのは、冒頭でお伝えした主人との性のまぐわいの体験がきっかけです。あの宇宙と繋がって一体となった感覚。１カ月ぐらい、ずっと浮いているような状態。周りのすべてがキラキラ光って見えて、現実にいるようないないような、すべてが幸せで満たされて、主人に対しても、これまでにない愛おしい感情が芽生えました。

　究極のエクスタシー恍惚状態に入ることができて、何か閉ざされていた次元の扉が開き始めたようでした。性のまぐわいは、宇宙との同調同化を促して、私たちは宇宙そのものであり、宇宙の細胞であり、霊的に物質的にあらゆるものと繋がっている存在であることを気づかせてくれる究極の方法であると思えたのです。玉依姫も私のめくるめく不思議な体験をサポートして

　　＊玉依姫：玉とは霊（神霊、霊魂）、依とは取り憑く神霊の依代となる姫（巫女）の意味とされる。

第一録 「神/己の真姿を見ざる」をひっくり返せ！

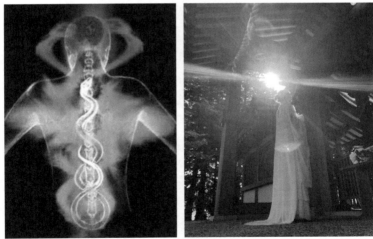

（上）玉依姫。日本神話に登場する女神で海神の娘。神武天皇（初代天皇）の母で、豊玉姫の妹（左下）クンダリーニ覚醒で体感したイメージ図（右下）「玉依姫をやりなさい」の言葉から神降ろしが始まった

肯定してくれました。

リラ星ライラ、ツタンカーメン、クレオパトラ 登場——UFOに乗せられ 「天地開闢の歴史改竄を暴露せよ」の指令

それからほどなく日にちが過ぎた頃です。

あるとき、繋がってきた存在に、「あなたは誰？」と尋ねると、「私だよ。高次のあなたで、あなたは私」と言われました。それが、リラ星のライラでした。さらには、煌びやかなエジプトのツタンカーメン、クレオパトラに似た姿の存在たちが、一斉に私めがけて交信をしてきたのです。

「えっ？」私もこの急展開に戸惑っていたところ、「アンドロメダの母船から交信しています」という声が聞こえて、巨大なUFO*が遠方から目の前上方に飛んで来ました。宇宙船には、様々な宇宙種族の人たちが乗っているビジョンが見えました。

そして、次のような言葉を告げられたのです。

「あなたも早く交信しなさい、配信して載せなさい。私たちは改ざんされた天地開闢の歴史を暴露するために、宇宙からあなたに伝えています」

（天地開闢の）歴史がすべて改ざんされているから、そのことを暴露して真実を世の中に公にせよという内容でした。

変なものに憑かれたかもしれない……。「あなたたちの言っ

＊ UFO：「アンドロメダの母船から交信しています」と言ってきた。その直後、大きなUFOが現れて搭乗。キンキラの光に包まれた様々な宇宙種族の人達がいて、「早く配信して載せなさい。改ざんされた天地開闢の歴史を暴露するために宇宙からあなたに伝えています」と声をかけられた。

第一録 「神／己の真姿を見ざる」をひっくり返せ！

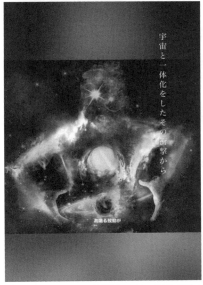

（上）リラ星ライラが交信してきたUFO母船のイメージ画（下）宇宙と一体化して開いた宇宙神々とのチャンネル

ていることの証拠を見せて」と言うと、知らない言語の文字がずらずらと目の前に現れました。そして、「この中の文を検索しなさい」と言うので検索すると、ツタンカーメンやクレオパトラが言っていたとされる文章が出てきました。私は彼らの発言を受け入れることにして、彼らとのことをメモに残すことにしました。

　私がやりとりの中身を疑っていると、英語で返事をしてきたりします。その言葉を訳すと「この内容をネットに載せろ」という意味でした。しかし、私はネットが苦手で、インスタだけは趣味で自分のページに載せる程度です。そのとき、「あなたに記述する能力を与えるから、何か困ったときは私に繋がりなさい。文章を書く技術を降ろします」とサポートされました。それから、自動書記のような状態でインスタに書き連ね続けてきました。

自分龍に目覚める次元へ速やかに駆け上がれ！お稲荷さん、大日如来、弥勒菩薩、烏天狗からのサポート

　その後、天狐、空狐という存在が交信してきたこともあります。キツネに憑かれたと思って怖くなり、「どういうことですか。誰ですか」と尋ねると、「フォーックス（fox）」と言ってきました。「コックリさんか何か?!　怖い怖い」と思ったら、

第一録 「神/己の真姿を見ざる」をひっくり返せ!

(上) UFO 搭乗時に見たイメージ画。様々な神々が一斉に交信・対話してきた (左中) 交信には、ツタンカーメンやクレオパトラのような存在も (右中)「貴女は和多志で和多志は貴女」と交信してきたときのイメージ画 (下) 交信内容を走り書きした記録メモ

「宇宙番」霊媒巫女の知られざる裏神業　リラ星ライラ、玉依姫、饒速日、瀬織津姫etc.
──神々との交流秘録

「白狐（びゃっこ）」と言い返してきた。「絶対、ウソだ」と言った瞬間に、ものすごい雨が降り出しました。お店の裏の部屋で交信していましたが、よい天気にもかかわらず部屋の一角だけ雨が降り出したのです。主人に「かくかくしかじかでキツネが……」と言うと、その瞬間に雨がやみました。

　鎌倉・江の島近辺には、龍口明神社と龍口寺という２つの神社仏閣があります。ひと昔前には、神仏習合で１つにセットとされていたようです。
　鎌倉市腰越にある龍口明神社*は、ご祭神の玉依姫命と五頭龍大神が鎮座されています。また、玉依姫様の祠（ほこら）は、お店「AWANOUTA」のすぐ近くにあります。
　私は神社とか寺に行かない存在だったのですが、龍族の地主の方には「龍口明神社にもちゃんと行かなきゃダメだよ」と言われたので、主人とけんかしたときには神社に愚痴をこぼしに行くと、ババーッと龍神が降りてくるようになったのです。玉依姫を降ろすお役割を担いながら、龍神とのご縁も育まれていきました。
　また、龍口明神社のお稲荷さんには、三種の神器を渡すと言われました。
「これから大変になるから、世のために使いなさい。その使い方はすぐにわかる」
　そう言われて（物質的には見えませんが）預からせていただ

　　＊龍口明神社：元は藤沢市片瀬の龍口寺隣りにあったが、1978年に現在の鎌
　　　倉の腰越に移転。旧境内の鳥居は、龍口寺にも残されている。

第一録 「神／己の真姿を見ざる」をひっくり返せ！

（左上）国家安泰の神で日本唯一の「五頭龍大神」を祀る龍口明神社（右上）ご祭神の玉依姫にご参拝（左下）江島神社の弁財天（右下）三種の神器。鏡、剣、勾玉

きました（私は勾玉を、主人が羅針盤になる鏡を授かり、のちに出会うお寺の女性が剣を持つ候補になりますが、そのお話はまた後ほど）。

　次に大日如来*、弥勒菩薩が降りてくるようになりました。やっぱり同じことを言うのです。「これから大変だから、記録を続けなさい」と。とくに大日如来には、文字を残すためのサポートを現在もいただいております。

　烏天狗が降りてきたときには、本当に大きいうちわを持って、「エヘヘヘ、てやんでえ」のべらんめい口調で話しかけてきました。これは私が創造している幻想なのかもしれないと思った瞬間、「おまえはまだ、俺を疑っているな」と言葉を返されました。

　私は、お水にすごく惹かれていたので、アートテンとテラヘルツをかけ合わせたお水を使わせていただいているのですが、その勉強会に行ったときのことです。参加者一人だけ、100万円ぐらいするテラヘルツ鉱石をプレゼントしますという抽選がありました。ちょうど烏天狗と交流しているときだったので、烏天狗を呼び出してみました。「烏天狗さん、あなたの力をここで試させて」とコンタクトしたのです。すると、「こんなのお安い御用だぜ。これを引きな」と指示を受けて、くじを引いたらズバリ当たりました。烏天狗は得意げに「ほらね」という感じでした。

＊大日如来：弘法大師・空海が開いた真言宗のご本尊で、宇宙を具現化したお姿。大日如来が降りて来た当初、鎌倉の大仏の胎内に呼ばれた。阿弥陀如来は、大日如来の師匠だったと解り、また、降りて来る啓示のヒントを伝えてきてくれた。

第一録 「神/己の真姿を見ざる」をひっくり返せ!

豊玉姫と玉依姫の神降ろし人が物質界で合流 世の分裂を和合するために動き始めよ

とある瞑想会に誘われて行ったときには、大日如来がまたバン! と降りてきました。その企画者のお一人に「今、こう言っていますよ」と大日如来のお話をしたところ、その企画者の人は代々ユタの方で、

「あなたは玉依姫を降ろしているの? 私は今、豊玉姫からメッセージが来ていてね。ほら、ここにキツネと天狗が乗っているの。一緒に見て」と言われて、写真を見せられました。周囲が呆気にとられる中、私とその人しか見えない世界に没入して急接近、江の島*に一緒に行くことになりました。

私は以前、江の島で西と東を繋げと言われたことがありました。三つ巴の紋を見せられたのですが、そのときは意味がよくわからなかったので、豊玉姫の人と一緒に江の島に行けば、その謎が解けるかもしれないと思って行ったところ、その人が平家と源氏を和合させるという活動をされていることを知りました。

話もさらに弾み、その方は私に「やっぱりここに行かなきゃダメだよ」と言って、富士の豊玉姫のところに一緒に行くことになりました。

*鎌倉の大仏
*江の島:弁財天の江島神社(妻神)と鎌倉最古の龍口明神社(夫神)を夫婦参拝することで、様々なご利益があると言われている。

「宇宙番」霊媒巫女の知られざる裏神業　リラ星ライラ、玉依姫、饒速日、瀬織津姫etc.
——神々との交流秘録

三つ巴

（左上）大日如来（右上）弥勒菩薩半跏思惟像（中）大天狗さんは、強力な神通力を持つとされる（左下）抽選が当たるようにお願いしたときの烏天狗さんのイメージ写真（右下）平家源氏を和合させる象徴として見せられた三つ巴の紋。八幡神の神紋でもある

36

第一録 「神／己の真姿を見ざる」をひっくり返せ！

 ## 金時山・金太郎のまさかりを使って河童の
富士山洞窟で幽閉されていた豊玉姫を解放！

　富士に行く前に、神様からのメッセージをどんどん降ろしていると、金太郎＊の山、金時山に主人と行くように言われました。二人して、金時山に向かいました。急勾配の山で雪が降っていたからすごいのです。私は何でこんなところにいるんだろうと思いながら、主人と登っていきました。

　するとその山道に祀られているご神木と岩に触れた瞬間、突然「おのころ島に宝珠」というメッセージが降りてきたのです（この時はわかりませんでしたが、この後に出てくる朱雀に、おのころ島を案内されます。また宝珠は後にノロ婆と沖縄でのご神事で受け取ることになります［第二録を参照］）。

　しかし、ここはメインの場所ではありません。とにかく、この山を知る人に、「ここら辺に何か（不思議な）いわれのある大事な場所がありますか」と聞いたら、「もっと山の下だよ」と言われました。

　本当に道なき道を下り、非常に危ないところにたどり着くと、そこに大きなまさかり、斧があったのです。こんなところ、なじみの人しかわからないような場所です。そのまさかりは、人間が持てるようなサイズなどではありません。でも、金太郎は巨人に育てられたというお話でしたから、そのサイズなのかな

＊金太郎：平安時代、足柄山中で赤竜と山姥の間に生まれた子とされ、京にのぼって武将源頼光の家来に。坂田金時（公時）と名乗り、四天王の一人として活躍。怪力の持ち主で、酒天童子などの妖怪退治に活躍したという伝説がある。その名にちなんで故郷が金時山に。

37

「宇宙番」霊媒巫女の知られざる裏神業　リラ星ライラ、玉依姫、饒速日、瀬織津姫etc.
──神々との交流秘録

と思いました。すごく錆びていたのですが、パッと手を当てた瞬間に、「これを持っていけ」というメッセージが降りてきました。

　その後に、ユタの方にお会いして、「あなたはやっぱり、富士山の豊玉姫*のところに行かなきゃダメだよ」と強く言うので、一緒に行くことになったのです。

　二人で富士に入り、ある洞窟の中に入っていくことになりましたが、その方も怖がっていて、「私はいつも上でお祈りするんだけど、あなた、ここで何かメッセージは来る？」

　その瞬間に、河童*が出てきました。その洞窟の縄張りを守っている感じだったので、「すみません。ちょっと用事があったので来たのです」とご挨拶すると、河童の後ろからお面をつけた姫が出てきました。

「お久しぶりね。その節はどうも」と声をかけてきました。その姫こそ、豊玉姫でした。私が、妹の玉依姫を降ろして巫女をやっているので、懐かしそうに声をかけてきたのでした。

　私が、「ここに呼ばれたのですが、どうしたらいいですか」と聞くと、「金太郎のところでもらったまさかりをあなたは持っているでしょう、それを出して」と言われました。ユタの方も剣を持っているのがビジョンで見えたので、一緒に出そうと私は言いました。

　豊玉姫は、この洞窟に幽閉されていたのです。そこで、二人

　　＊豊玉姫：豊かな玉に神霊が依り憑く巫女とされる。龍宮城の乙姫様のモデルになったとされる水・海の女神。
　　＊河童：安曇族の姫とされる豊玉姫と玉依姫。その安曇の女神を護る男子を河童と表現していたという説もあり。

38

第一録 「神/己の真姿を見ざる」をひっくり返せ！

（左上）金時山。箱根山の北西部、神奈川と静岡の県境に位置（右上）道なき道にあった金太郎の大きなまさかり／斧（中）河童の絵図（下）「おのころ島に宝珠」の声に隠された大熊座による北極星信仰の啓示

がまさかりと剣を出した瞬間、金太郎が突然現れて、それらを使ってビューッガガーンと空を大きく切り裂くビジョンが見えました。

そしてその瞬間、豊玉姫が朱雀＊に変幻したのです。火の鳥のように朱雀がバーンと大きく羽根を広げて現れました。ユタの方も同時に同じ映像を見ていたので、二人して「アワワッ、アワワッ！」と思いきり後ろにのけぞりました。朱雀が現れて、豊玉姫の封印が遂に解かれたのでした。

そして、その朱雀に、「おのころ島に宝珠＊。島を案内します」と言われ、大地ができる様のビジョンを見ることになりました。ユタの方が降ろされる豊玉姫と、私がお預かりしています玉依姫が、おのころ島の世界を見せられたということは、
「原点に立ち返れ！」と火（朱雀）と水（龍）を交えながら、大地が創造された尊さに心から畏怖と敬意の念を持つべし、というメッセージであったのではないかと。

それは、地球に生きる細胞たる私たちへの覚醒と謙虚さを促すビジョンであったように思えました。

 ヒカルランドさんと出合うが……
情報開示は「今は、やめろ」というお告げ

その旅の最後に、天狐さんが私の前に現れました。今はまだ

＊朱雀：南方を守護する神獣で、天之四霊／四神（青龍、白虎、朱雀、玄武）の一つ。万物は木、火、土、金、水の５種類の元素から成るという古代中国の五行説では、火の象徴で長生きの神とされる。

＊「おのころ島に宝珠」：その声とともに熊の顔も現れ、月星、7というメッセージが降りて来た。北斗七星の柄杓を表す大熊座が北極星信仰を示し、これから行う神事の内容と繋がるサインだったことが後にわかることに。

第一録 「神／己の真姿を見ざる」をひっくり返せ！

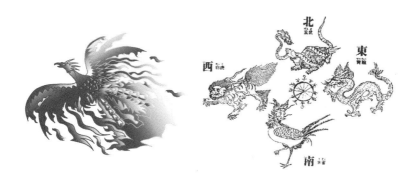

（上）富士の洞窟の前にて、メッセージを降ろす（左下）朱雀の絵図。豊玉姫が朱雀に変幻して、封印がついに解かれた（右下）朱雀は南方を守護する神獣

「宇宙番」霊媒巫女の知られざる裏神業　リラ星ライラ、玉依姫、饒速日、瀬織津姫etc.
────神々との交流秘録

他言無用と口止めされたのですが、「（あなたがやっているご神事を）世に出す人が近いうちに現れるよ」というお告げでした。

ちょうど富士から帰途についたとき、ヒカルランドさんが「AWANOUTA」の料理をたまたま食べに来ていました。まさに予言どおりと思って、ご挨拶をさせていただきました。それはまさに、富士で朱雀におのころ島を案内されたビジョンを見た帰りの日だったのです。

そのとき少しばかり取材インタビューを受けたのですが、じつはその前日に、私の家の上空にUFOが来ていました。そして、

「情報が洩れる。今はまだストップ」と伝えてきました。その忠告を信用させるために、前にも触れましたが、私が理解できない外国の言葉をネット検索（30p参照）するように指示されて見ると、本当に「情報が洩れるので、今はやめろ」という言葉そのものでした。

今はまだ富士のことを含めて、話すときではないと悟りました。ヒカルランドさんとの本のお話は、いったんなくなり流れたのでした。

あらゆる事象を変幻させる天の力に導かれて
沖縄で龍の子を授かる

コロナ騒ぎが始まる少し前ぐらいから、食料危機を叫ぶ強烈

第一録 「神/己の真姿を見ざる」をひっくり返せ！

なメッセージが宇宙天から届いていました。食に関して私と主人は何ができるかを模索して、ラーメンから食を考えるアプローチを外に発信したり、アートテン農法による家庭菜園で未来に繋ぐ実験などを考え始めていました。「AWANOUTA」の店を拠点に、土そのものから変えるやり方を勉強するセミナーの企画もやりました。

その後、私はリトリートツアーの計画を練り始めました。すると、富士で出逢った豊玉姫／朱雀が現れて「旅の案内をするよ」と声をかけられたのです。朱雀が言ってきた案内先は沖縄でした。

そのとき台風が直撃する予報が出ていて、「飛行機は、絶対飛ばないよ」と皆にも主人にも、こんな計画は無謀と怒られ中止になりました。しかし、「『沖縄に行け』と言っている感覚は確かだから行かないと」引き寄せられるように、私だけ、沖縄の久米島行きを決行したのです。

那覇空港行きの便だけはなんとか飛んだのですが、久米島行きの船は無理でしょうと、現地の人には言われました。どうしたものかと途方に暮れていると、なんと船を出してくれるという人が突然現れて無事に行くことが叶ったのでした。

久米島には、ウミガメ[*]が見られる場所があって、その場所まで島の方が案内してくれることになりました。じつは沖縄に来るまえから、「カメ！　カメに会いに行きなさい」というメッ

[*]カメ：「記紀」の海幸・山幸神話の中で、海の神の塩土老翁（しおつちのおじ）が、山幸彦（彦火火出見尊）を海神の宮「綿津宮」（龍宮城）に案内する話がある。塩土老翁は浦島太郎のモデル、あるいは案内の象徴のカメという説も、またカメに乗って神武天皇東征を助けたという話もある。

43

「宇宙番」霊媒巫女の知られざる裏神業　リラ星ライラ、玉依姫、饒速日、瀬織津姫etc.
——神々との交流秘録

セージを宇宙天から受け取っていたのですが、久米島に導かれた理由がそのときわかりました。天からは、「カメが見られてよかったね」という安堵の声が聞こえました。

　台風が近くまで接近しているので、すぐにでも久米島から出たほうがいいと言われ、なんとか今度は飛行機で沖縄本島に戻ることになりました。

　沖縄本島では、行くあてもなく、本当に感覚だけで、レンタカーを走らせました。たどり着いたのが、奥武島（おうじま）というところ。そして行き止まりの龍宮神という場所に行き着いたのです。本島は台風なのでものすごい雨風でしたが、そのときだけはピタリとやんでいました。海のほうに降りてみると、海面近くに祈りを捧げる拝所（うがんじゅ）がありました。吸い込まれるようにそこへ行きました。

　目の前に波が押し寄せ、水しぶきを全身に浴びながら、私は「一人で何しているんだろ」と思いながらも海面に身をゆだね、「足柄山で金太郎が出てきて、次に朱雀が出てきて沖縄に案内されて、今ここにいます。こんな台風の中、私をどうして呼んだのですか」

　すると、

「龍の子、授ける」

　という声が……。

　その瞬間、台風の巨大な雨雲が大音響を立てながら遠くに去って、入れ替わるように、大きな龍雲が現れたのです。

第一録 「神／己の真姿を見ざる」をひっくり返せ！

「『龍の子、授ける』って、どういう意味ですか」と聞き返してみたのですが、回答はなく、あまりにも急激な天候の変化に呆然として、もう何がなんだかわけがわからない状態になりました。

その後、何日も沖縄から出られず、滞在の延長を余儀なくされるのですが、そのときに先の言葉の意味の謎解きが始まりました。

無回答なのは、自分でその意味を解きなさいということだったのでしょう。導かれるように、ある御嶽に行きました。するとメッセージが降りてきて、龍の母とか龍の父という場所へと天の声とともに案内されました。龍の子を授けられたことの通過儀礼なのでしょう。私に龍の子が宿ったことが天に認められたということのようです。

「授けられた龍が大きく成長するように、自身をさらに高めて、お役割を実践していきなさい」というメッセージが降りてきました。

次から次へと、ここに行きなさいと言われ、知らない場所に案内される……神様からロールプレイングゲームをさせられている……そう思いました。

まさに、天候やあらゆる事象をコントロールしながら、降りてくるメッセージを実行するように指示してくるのでした。台風が来ているのに飛行機が飛んだり、巨大な雲が、轟音とともにどこかへ消え去ったりすることが起きるのを目の当たりにす

「宇宙番」霊媒巫女の知られざる裏神業　リラ星ライラ、玉依姫、饒速日、瀬織津姫etc.
──神々との交流秘録

(上) 台風の中、龍宮神に呼ばれた拝所の場所 (中)「龍の子授ける」の啓示の後、龍神の顔が上空に現れ始めた (下) おのころ島に宝珠にも関係!? 神功皇后が龍神から授かった二つの宝珠 (潮満珠・潮乾珠) の絵図。海の神が潮の干満のために使用した神宝

ると、正直「怖い……」と思いましたが、なぜか「やり遂げていかなければ」という信念のようなものも心に湧き上がってきました。

源頼朝ゆかりの熱田神宮で
頼朝との過去世の深いご縁を知る

次は、神様から名古屋の熱田神宮に飛ばされましたが、そのときもまた台風が来ていました。
「何で台風に向かって車を走らせるの。やっぱり危ないよ」と周囲に止められたのですが、
「行かなきゃダメだから」と車を走らせ、連れの友人と到着したのが、夕方の５時少し前。なんとか境内に入ることができました。

熱田神宮に来たのは初めて。そこには白蛇が住んでいるという大楠があって、その場で今までの啓示の内容を伝えていたら、御社の中から武士達がいっぱい出てきたのです。源平の時代の霊たちのようでした。

そのことも気になってはいましたが、友人が「もう５時で閉まっちゃうから出なくちゃ」と言うので、また違う日に来ようということで帰ろうとしたとき、ポンポンと背中をたたかれたのです。そしていきなり、「君たちだね」と声をかけられたのです。その人は名前を出せないので、ミスターＸとしておきま

す。

「君たちが来ることは啓示で受け取っていたから、待っていたんです」といきなり話を続けました。そして、私が気になっていた場所を内緒で裏から案内してくれるというのです。

「僕はこういったところを案内できるから安心して。時間は気にしなくていいから。君は自然の神だね。自然を操るね」とミスターXは言うのです。

　これは何か伝えなきゃダメだ……ブッとんでいると思われてもかまわない……と思って帰りぎわに、

「私はリラ星のLayraで、アンドロメダからメッセージが来るようになって、こういう活動に飛ばされて、今日も台風の中、ここに来たんです。なぜだかわかりますか」と言うと、「君、連絡してきなさい」と言われて、そこからミスターXとのメールのやりとりが始まりました。

「君はこういうことを続けなきゃダメだ。後でやる理由もわかってくる。僕のおばあさんは熱田神宮に深く関わっていた人で、僕もその流れを汲んでいるから、ここのこともわかっている。熱田神宮は源頼朝*が生まれた場所で、君は過去生、（頼朝が）生まれるとき世話役のあんまさんをしていた。僕もその時代から君にはすごくお世話になっているから、恩返しのつもりで、ここを案内したんだよ」と言われました。

「私もなぜ神社仏閣でメッセージを受けているのかわからなくて、ぐるぐると各地に回されています。こういう状況で天から

＊源頼朝：実母は、熱田神宮大宮司藤原季範の娘・由良御前と言われる。

第一録 「神／己の真姿を見ざる」をひっくり返せ！

（上）名古屋市の熱田台地南端に位置する熱田神宮。三種の神器の一つ草薙神剣を祀っていることでも知られる（中）本宮内。鎧兜をかぶった武士達がずらりと現れた（下）素戔嗚尊は八岐大蛇退治のとき、尾の中から草薙神剣を発見し、天照大神に献上したとされる

「宇宙番」霊媒巫女の知られざる裏神業　リラ星ライラ、玉依姫、饒速日、瀬織津姫 etc.
——神々との交流秘録

受け取っている人は多いと思うから、いろいろと教えていただけませんか」

　ということで、ミスターXを囲んで、鎌倉でのリトリートが始まりました。名古屋から来てくださって、神様のことや重要なポイントとなる場所を案内してくださる勉強会です。

　会のたびに私にとってテーマとなる啓示が降りてきて、縁のある場所を行脚するのです。

「龍脈のポイントを歩くことで、行者がやっていた行（ぎょう）をすることになる。それはとても意味のあることなんだよ」。そう言われて、メッセージをもらっても意味がわからない人たちと一緒に、月1回集まり、富士*や各地を巡りました。

　そんな勉強会を1年続けさせてもらったあと、源頼朝さんの鎌倉の八幡宮を案内されたときを最後に、そのリトリートはピタリと止まりました。自分の中でも、私と繋がる神様グループが変わったのだとわかりました。

　2022年、私は神様が変わった掲示を受けた後、なぜか次は、また沖縄に行かなければという思いが強くなっていました。そのときに、知らない場所の名前もバーンと降りてきたのです。主人と沖縄に行くことにしました。何があるかわからないけれど、その知らない場所に行こうと決めて、クルマでその地名の場所に向かいました［第二録参照］。

＊富士：人穴浅間神社の人穴富士講遺跡。ウロボロスがニョロニョロと出てきた。己の尾を嚙んで環となった龍蛇をウロボロスと言い、ヘレニズム文化圏では、世界創造が一つ、完全なる霊世界を表したとされる。

50

第一録 「神／己の真姿を見ざる」をひっくり返せ！

出会う日を予言で知っていたノロ婆
ノロを継ぐ者が語る啓示と龍神とカンダーリ

その地に入ってから、何かに導かれるようにある建物の前で、主人がクルマを止めました。主人は、羅針盤（鏡）を授かっていて、水先案内の龍の役割があることを後に知ることになるのですが、このときもクルマを降りるなり先に歩いていって、ある女性に声をかけていました。

そして私が追いつくなり、いきなり、「あんたたちだね」とその女性は、来ることはわかっていたと言わんばかりの口調なのです。

「あんたたちカップルが来ることは、啓示が来ていた」と話し始めました。

その方は、「ノロ*のお婆、ノロ婆だよ」と名乗りました。ユタは知っていましたが、ノロについては詳しいことを知りませんでした。代々神様ごとを受け継いでいる人のようでした。

私がこれまでのいきさつを話すと、「あんた、神様をやらなきゃダメだから、そういうことが起きているんだよ」とズバリと核心を指摘されたのです。熱田神宮でミスターＸにも同じことを言われましたが、ノロ婆にも同じ指摘を受けたのでした。

「神様がやってほしいことの啓示を受けている。龍神が乗っているから、カンダーリ（神障り）ということも起きたりしてい

＊ノロ：国家や地域の安泰と繁栄を求めて神々と交信する務めを持つ祭司、宗教的な行政官としての役割も担うとされる。ユタは、神々の意志を個人に伝える悩み相談カウンセリング的な役割と言われる。

るんだよ」と言われたのです。そして、

「私たちもそうなんだよ。『ノロ』は祈禱するという役割を持っている。でも、代々受け継ぐ人たちが、神様からの啓示をやらないと病気になったり、夫婦関係がおかしくなったり、借金したりして、神様のメッセージを伝える役割に、何がなんでも引き戻される。私たちもすごい苦労をしてきたんだよ。あんたも、そのお役割を授かったんだ、ちゃんとその道をやりなさい」

そして、私の主人もその役割を担っていると言うのです。

「女の人は啓示を受け取りやすいけど、男性にはわかりづらい。でも、あなたたち二人は、その役割を持っているから、ここに来ているんだよ」と。

ノロ婆のお母さんも、お兄さんも、みんな神霊に繋がり、見えない世界のことがわかる家系とのことでした。

「私の兄さんは宇宙番だった。あんた（Layra）も宇宙番。だから、宇宙からの存在たちも来ているんだよ。兄さんは数年前に亡くなっているけど、今日この日付けに内地から、この家に訪ねてくる人がいると言っていた。あんたら本当に今日、この日に来たよ。兄さんからは、遺言のように聞かされていたから」と言うのです。

お母さんの能力もすごかったそうで、神様をおんぶして引っ越しさせる儀式をできるような特別な人だったそうです。しかし、そのお母さんもお兄さんと同じ時期に亡くなられたそうで、

ノロをやる能力者がいなくなり、自分が（ノロ婆）が覚悟を決めて、ノロを受け継ぐことになったとのことでした［第二録参照］。

じつはそのお母さんからも、
「これから日本も世界も大変になるから、そのことを内地から言いに来る役割の人が、何月何日に来る」と、ノロ婆に話して聞かせていたそうで、お兄さんが予言していた日にちとまったく同じで、
「本当に（二人が予言した）この日に来たのが、あんたたちなんだよ」。こちらはそう言われて、「エーッ！」と主人とただただ驚くばかりでした。

ノロ婆のもとで神様ごとの修行が始まる
人口3分の1に激減する大難を小難にする活動へ

ノロ婆とお母さんは、世の中の恐ろしい出来事もいろいろと話し合っていたそうです。でも、それを口に出すと、本当に現実化してしまうこともあるから、
「私たちはそうならんよう大難を小難に替えるように動いている。災害やいろんなことで、人間が3分の1ぐらいに減ってしまうことも言われているから、それを小難に抑えるために神様のお使いをしているんだ。だから、ちゃんとしないといけない」

「宇宙番」霊媒巫女の知られざる裏神業　リラ星ライラ、玉依姫、饒速日、瀬織津姫etc.
——神々との交流秘録

表には出ないで、隠密に動く「必殺仕事人」のように、世直しのために裏で神様ごとの活動をしてきたんだなと、お話を聞いてあらためて感じ入りました。

いろんな御嶽行が始まってから2年後のこと。ある場所を沖縄の言葉で私に伝えてきた啓示を受けました。ノロ婆に「沖縄の言葉のようで、○○と言っています。意味がわかりますか」と聞くと、「ああ、神様の認めが入った（許しがあった）から、○○に入れるよ」と言って、一緒に連れていってくれました。

そこに到着するなり、ブワーン！と巨大で真っ黒な龍蛇が出てきました。その龍蛇に、歓迎と励ましのエネルギーを頂き、裏ご神業の道はさらに本格的に進むことになりました。

神様ごとをやる者が持つ霊的なアイテム
邪神に惑わされず任務遂行に必携のものとは

私たち神ごとをやる者は、宇宙天の神様方からメッセージを受け取りながら、その活動に役立つ霊的なアイテムを授かるというのです。それは、鍵であったり、剣を持っていたり、玉であったり、見えない巻物を持っていたり、お役割に応じて様々な武器を受け取っていて、ノロ婆は、鍵や羅針盤を持っているそうです。

前にも触れましたが、私は龍口明神社で三種の神器を預かっ

＊三種の神器：勾玉、鏡、剣で構成される三つの神器は、古代王権や皇室神道にも関わるご神体の象徴。龍口明寺神社で、大難を小難に替えていくための霊的アイテムとして三つの神器を授かることに（そのうちの勾玉は著者に）。

54

ていました。ノロ婆に、そのうちの羅針盤（鏡）は主人が授かることになり、方角や場所を案内できる力を持っている。そして私は勾玉を授かった。もう一人、一緒に修行しているお寺の女性は剣を持つ候補になりましたが、その剣はまだヌンチャクなので、行を重ねて強い剣にしていかなければならないとのことでした。

　本当に『ドラゴンボール』のように、みんながそれぞれアイテムを持ち寄って力を発揮できるように集まると莫大なエネルギーになって、神様のところと、ゆるぎない大きなパワーとなって繋がるのです。

　鍵がなければ、目的の場所に行ってもご神事を新しく開くことはできません。神様を隠している場所や封印されている場所もあって、その場所を羅針盤で探しあてたり、封印を鍵で開けたり、勾玉を出して輝かせて神様と光通信のネットワークをつくったり、また邪魔する存在を祓うために剣を使ったり……霊的アイテムを持つ仲間は、輪廻転生して降りてくるときに、すでにメンバーも決まっているので、この世で寄り集まって、大難を小難にするために一緒にご神事をすることになります。

ご神事をやる者が表に出るのは本来 NG だが、人間の意識替えのために神の許しが出た

　また、私たちが大事な契約をするとき、認印ではなく実印が

「宇宙番」霊媒巫女の知られざる裏神業　リラ星ライラ、玉依姫、饒速日、瀬織津姫etc.
──神々との交流秘録

必要なように、神様の実印というものがあります。私は神様に
願いを繋ぐ役割もあるので、その繋ぎ役を認められた印として
神様の実印を持っています。実印が悪用されたら大変な事態に
なります。『ドラゴンボール』にもあるように、悪者がシェン
ロンの力を使ってしまうこともあるから、まず行をしながら切
磋琢磨しなければならない。その行いをみて、いいのか悪いの
かを神様が判断して、霊的アイテムも強力に扱っていけるよう
になっていくようです。

　神様ごとをやる者は、前でも触れましたが、裏で活動する特
殊な存在です。顔出しも名前も本来はNGで、神様がOKな
ときだけ、表に出られるという感じです。神様の許しがなく表
に出れば、命を危険にさらすこともあります。
　ここ何年か、コロナ騒動や世界で起きている戦争や紛争につ
いて、様々な情報操作や洗脳をかいくぐり、本当の裏側を示す
真実が少しずつ表に出てきていますが、その流れを受けて、人
間の意識替えのスイッチを入れるために、神様からようやく私
たちの活動も表に出していいよという状況になってきています。
　また、神様ごとで気をつけなければならないことはほかにも
あります。80％から90％の巫女は何でもメッセージを降ろし
てしまうのですが、邪神といって、あたかも神のように話しか
けてくる存在がいるのです。それを審神者が判断しなければな
りません。二つ合わせてご神事で、古代からご神事は、卑弥呼

＊審神者：神託を受け、神意を解釈して伝える者を言う。巫女と違って、自分
　　自身に神を降ろすわけではない。降霊や降神の霊媒儀式において、降りて
　　きた物の性質を見極め、場合によってはそれを祓う役割も担っているとさ
　　れる。

56

やそういった方たちがずっとやってきたことですが、悪魔祓いなどいろんな要素が入ってきました。

しかし、権力者の強い意向で、歴史的な真実がねじ曲げられたり歪められたりして、今ある形の世の中になっています。それでも、世の中が致命的な状況に陥らないように、ひっくり返らないように、裏側で「ノロ」たちのような存在や仲間が、神様の意を受けて懸命に動いています。とくに、ノロ婆たちは、このお役割を代々継いでいる人たちなのです。

 ## 大己貴の龍蛇神が出てきて指令が
天照国照彦天火明櫛玉饒速日尊の御霊を
入れよ！

私たちが沖縄で５日間ぐらいの修行に入っていたときのこと。沖縄の洞窟で修行をしていましたが、主人は仕事で帰らなければいけませんでした。

ノロ婆には、「あんたは、やらなきゃいけないことがあるから、神の世界は自分の人間界の予定では動けないんだよ」と言われましたが、「帰りの飛行機のチケットもとっているし、ひとまず主人と帰ります」と話しました。

しかし、じつはその飛行機で帰るとき、主人がカンダーリでおかしくなったのです。

主人は、神の世界のことをまだ信じるか信じないかという状

況で、時おり魔が入ってしまうこともありました。

　私もその状況をみてブチッと切れてしまって、飛行場で「一人で帰れ。私は残る」と言い放ち、けっきょく、私は飛行機をキャンセルして主人だけを帰らせ、沖縄に一人残ることにしました。

　このカンダーリの状況が怖くて、ノロ婆のところに行こうと電話しました。

「主人の気がふれて、こんな状況になっている」と話すと、

「だから言っただろう。ここでやり残していることがあるから、それをやるんだよ」

「泊まるホテルもないです」と言うと、

「これも修行だ。ホテルをとって、やりなさい」。そう言われて、ホテルを取りました。

「おばあ、何をやるんですか」

「何か言ってきているから、それをちゃんと聞き取りなさい」

　ホテルの中で、一人怖かったのですが、降りてくる言葉を全部メモして、その言葉の確認作業をやり始めました。

「私はなぜここに残されたんですか。意味を教えてください」と言うと、

「神様が上に乗っかってきている。その神の名を降ろせ」と言ってくるのです。

　ホテルの中で監禁状態になってやり残しのことを三日三晩、毎日ずっと聞きどおしで、エネルギーをすごく使うのでもうく

たくたです。

　すると、突然じいちゃんがウワーンと現れ、「大連」と言っ
てきました。ノロ婆たちは「ノロ」の龍神世界なので、内地の
神様とはまた違う名前で祀られています。

「姫に出てきてほしかったけど、じいちゃんが出てきて、『大
連』と言っている。何かが、ずらずらいっぱいいる」とノロ婆
に言うと、

「怖いね。でも、もっとちゃんと聞きなさい」と言葉を返すの
です。

「大連って何ですか」とじいちゃんに聞くと、

「次にこれを調べなさい」と次々に言ってくるのです。

「神様、私は普通の人間で、神社をやっているわけでもないし、
こんなにいっぱい降ろせません。その中でも的を絞ってくださ
い」と言ったのです。

　そうしたら、「大己貴」と言ってきたのでした。龍蛇です
（ちなみにじいちゃんは大己貴の顔のまんまでした）。

「その中でももっと詳しくは？」と言うと、やっと降りてきた
言葉が、

「天照国照彦 天火明 櫛玉饒速日 尊」という漢字がババーッと
出てきたのです。

　それをメモして、「ノロ婆、出てきました。どうするんです
か」と聞くと、

「私のところに来なさい。御霊を入れるから。あなたはそれを

＊饒速日：天照国照彦天火明櫛玉饒速日尊は、天火明命と同神で、元伊勢籠
　神社の伝承によれば、天火明命は丹波に天孫降臨した神様とされ、日向に
　天孫降臨した瓊瓊杵尊の兄弟とされる。古代、圧倒的な存在感を放つ太陽
　神であり男性神であったと考えられる。

59

「宇宙番」霊媒巫女の知られざる裏神業　リラ星ライラ、玉依姫、饒速日、瀬織津姫etc.
───神々との交流秘録

（上）「先代旧事本紀」では、天照国照彦天火明櫛玉饒速日尊（あまてるくにてるひこあめのほのあかりくしたまにぎはやひのみこと）。「日本書紀」では饒速日命（下）大己貴命（おおなむちのみこと）。出雲大社ご祭神の大国主命／大神の別称

60

ちゃんと祀らなきゃダメなんだよ」

　へとへとに疲労困憊の中、ノロ婆のところに行くと、
「ちょうどあんたにぴったりの掛け軸があるんだよ。なぜかうちに来ていて、この掛け軸はどこに行くのかと話していたら、あんたのところに行くものだったんだね」
　見ると宇賀神のように龍蛇神が白の蛇に乗っている掛け軸があって、それを見た瞬間に私はワーッとエネルギーが広がる感覚になりました。
「やっぱりこれです」と話すと、ノロ婆に、
「これに一つの御霊を入れて、まず自分の家のところに神様の部屋をつくって、神様ごとの祭祀をやりなさい」
　そうと言われ、その掛け軸を持って、やっと家に帰れたのは、１週間後のことでした。
　それから家に祀り、毎日、手を合わせる、祝詞を上げるということが始まりました。それ以後、家の祭祀場で神ごとの術が降ろされたり、この祝詞を上げなさいという啓示が降りてくるようになりました。

神議りの出雲と熊野の玉置神社を結ぶ旅
禊ぎの大嵐を潜り抜け、玉を繋ぐご神事を決行

　次に出雲に飛ばされました。それも全国から神様が集まる

「宇宙番」霊媒巫女の知られざる裏神業　リラ星ライラ、玉依姫、饒速日、瀬織津姫etc.
──神々との交流秘録

「神議り」の日にノロ婆と主人とで行くことになったのです。

　出雲に行く前に、ノロ婆のところに熊野の玉置神社の関係の方が突然訪ねてきたそうです。その人も、急に啓示が降りてきて、なぜか理解できないまま、沖縄の知らない地名のところに行くように言われたそうです。その地名を歩いていると、ノロ婆にバッタリ会ったそうで、名刺を置いていったので、出雲の帰りに寄ることになりました。

　出雲に行った後に、熊野の玉置神社に向かいましたが、そのときも大嵐でした。運転手付きでクルマを手配しましたが、熊野山の中は、霧が立ち込め真っ白で前もよく見えません。

「これでは、死にに行くようなものだ、引き返そう」と運転手と主人は言うのですが、私が「これは禊ぎだから大丈夫」と言って、おばあも「頭が痛い。でも、あんたが大丈夫、行けと言っているから、このまま運転しなさい」と、言い争いに。

　かろうじて電波が繋がるところで、頂いた名刺のところに電話すると、「てっぺんは、大丈夫ですよ」ということで、荒れ狂う嵐の中、なんとか山のてっぺん辺りにたどり着きました。

　神社には、まさに玉が鎮座している玉置きの場所がありました。私が持っている見えない勾玉をここで取り出して、玉同士で繋ぐご神事をすることになりました。

　ノロ婆は足が痛いので、神社下のところでサポートすることになり、私が玉のところまで赴いて、見えない勾玉を取り出した瞬間、天から声が聞こえました。

　　＊玉置神社：奈良県の大峰山系標高1,076mの玉置山の山頂近くに鎮座。第十代崇神天皇の時代（紀元前）に、王城火防鎮護と悪魔退散のため創建されたと伝えられる。主祭神は、国常立尊、伊弉諾尊、伊弉冊尊、天照大御神、神武天皇。神武天皇は、御東征のとき、「十種神宝」を鎮め武運を祈願されて、八咫烏の案内で大峰山系を越えたと言われている。

「次に、八雲に行け」

　ええっ？　八雲って、出雲のこと?!
「今、出雲から戻ってきたばかりなんですけど……」

　大嵐の中、やっとの思いでここまで来て、これ以上、言葉が出てきませんでした。このご神事をやるために、熊野に来たことはわかりましたが、また出雲の八雲に戻れとは……しかし、それは出雲の八雲のことではなかったのです。この旅はいったん切り上げて、鎌倉に戻ることになりました。

 八雲と熊野を結ぶ旅の謎が解けた　　　　　　　　　　　隠されていた瀬織津姫と如意輪観音が繋がる

　鎌倉・極楽寺の山のほうに「もののけの道」という切通しが残っています。地元の人でないと行かないような迷い道です。熊野の旅の後、ハイキングがてら、私は主人とこの道を行くことにしました。
「この抜け道を行くと、すぐ極楽寺まで行ける裏道があるんだよ」と、この道を知る人に言われて、羅針盤を持つ主人は、紐でギューンと引っ張られるような感覚で、登り坂もすたすたと歩き始めました。

　すると、その道の先に熊野権現が祀られていました。直後に次々と声が聞こえてきて、「こっちを歩け、あっちに行け」と啓示がバンバン降りてきました。言われたとおりに、もののけ

「宇宙番」霊媒巫女の知られざる裏神業　リラ星ライラ、玉依姫、饒速日、瀬織津姫etc.
——神々との交流秘録

（上）出雲大社。「神在祭」では全国八百万の神が集まる（中）玉置神社。奈良県吉野郡十津川村に位置する修験道の大霊場（左下）大雨と寒さの中、玉置神社へ。体感現象で体がぐるぐる回り始める（左右）玉の置き場所を探すため険しい山道を登り続ける

の道にどんどん入っていくと、その裏に八雲神社があったので した。

　さらに、そこには熊野新宮もありました。なぜ、全部がここ にあるんだろうと不思議に思っていると、ここで如意輪観音を 祀れという啓示が降りてきました。

　ノロ婆と行った出雲と大嵐の中で登った熊野の山、そのあと 鎌倉に戻って発見した八雲神社と熊野権現・新宮……ここで神 様の啓示が繋がりました。その答えは、如意輪観音だったので す。

　鎌倉の七里ガ浜後方の稲村ガ崎に、菊理姫を祀る白山神社が あります（また、大船のほうの裏にもあります）。もののけの 道に行った後、白山神社に呼ばれ、白龍に乗った瀬織津姫が降 りてきました。そして、如意輪観音＝弥勒菩薩＝瀬織津姫と言 うのです。

　なぜ、如意輪観音という言い方をしたのかなと思っていると、 私は饒速日を神として祀っていますが、夫神の饒速日と妻神の 瀬織津姫で一つ神ととらえれば、瀬織津姫も祀れ、それはさら に神仏が分離された仏のほうも祀れ、つまり如意輪観音も祀れ と二重三重の意味に掛けて伝えてきたのでした。

　要は、饒速日と瀬織津姫たる龍のツイン、表と裏という形で 御霊を入れて、家の祭祀場にお祀りしなさいという啓示だった のです。

＊如意輪観音：六観音の一つ。ご真言は、「オン　ハンドメイ　シンダマニ 　ジンバラウン」で、延寿、安産、除難を祈って功徳があるとされる。宝珠 　（宝の玉）であらゆる願いをかなえ、法輪（古代インドの武器）で煩悩を打 　ち砕くと言われる。

「宇宙番」霊媒巫女の知られざる裏神業　リラ星ライラ、玉依姫、饒速日、瀬織津姫etc.
　　　　　　　　　　　　——神々との交流秘録

（上）鎌倉・極楽寺の熊野新宮に合祀されている八雲神社。玉置神社で「八雲に行け」の啓示後、この地に繋がる（左下）「如意輪観音を祀れ」の啓示を受けた御拝所。ご祭神が素戔嗚の八雲神社内（右下）如意輪観音。如意輪観音＝弥勒菩薩＝瀬織津姫で繋がるという啓示

第一録 「神／己の真姿を見ざる」をひっくり返せ！

 『天津金木』に在る神々の内在者たちが次々現る
その者たちと一緒に大難を小難に繋ぎ替えよ！

　古神道の秘術を著す『天津金木(あまつかなぎ)＊』に関する書が、自宅に届くことになりました。
　何かが来ると、私は家の祭祀場の神様をお祀りするところに必ず通して、お伺いを立てます。
「邪が入ってくることがあるから、審神者として絶対にここを通せ」というノロ婆からの忠告がありました。ここを通すと不正の神なのかを判断してくれることにもなるのです。
　このとき、またどこかで見覚えのあるじいちゃんがボーンとリアルに出てきて、「すぐに天津金木の本を読め」と言ってきました。「天津金木？」と聞くと、「いいから読め！」と説得するのです。
　調べてみると、大己貴の大神神社(おおみわ)でやっているご神事と出てきました。以前、沖縄で監禁状態の中、神降ろしをしたときに出てきた「大己貴(おおなむち)」という言葉、龍蛇に繋がります。ここでまた、大己貴が繋がって出てきました。
　さらに、私は大阪にいたときも、大神神社に案内されたことがありました。その案内人も龍族の方で、「弟子につけ、君はそれをやらなければダメだ」と言われたことがあったのです。
　じいちゃんに、

＊天津金木：かつて天皇のみ扱うことができた古神道の秘術。金木一本一本が神降ろしの《依り代》となる力を秘め、長さ2寸の桧材で36本用いる。金木は陰陽2色と青赤緑黄の4色で構成され、この4色にそれぞれ人間の心と感情、人物像、人体部位などが割り振られる。天津祝詞を唱えながら天津金木を混交して占いを行う。

「宇宙番」霊媒巫女の知られざる裏神業　リラ星ライラ、玉依姫、饒速日、瀬織津姫etc.
——神々との交流秘録

「でも、こんなの修行に入らないと無理でしょう」と言ったら、「いや、できる。おまえの中に内在しているから、ただただ読め」とさらに強く説得されて、分厚いこの書をネットで取り寄せることにしました。本を開けてみると、この本は決まった人しか読めないような注意書きが、明治時代の言葉で書かれています。

　じいちゃんがそばにいて、本を開いていくと、これをやってきた人たちも代々、私みたいに神がかって啓示が降りてきて、研究者が何人もそのことについて研究をしてきた、何人かが死んで、これを開けるということは覚悟して読みなさい……という内容が書いてあるようです。

「えっ？　私の命を……」と思って、ノロ婆に聞いても、わからないようです。

　かむろぎ、かむろみ、宇宙の創造神の三十二柱の神が云々……と、順番に出てきます。赤と黄色と緑と青の金木があって、それも購入しました。各色それぞれに、啓示が降りてくるので、それを操作していくのです。そして、しばらくしてわかりましたが、その研究者の大石凝真素美＊さんを、私はじいちゃんと呼んでいたのでした（本や資料にあったお写真の顔そのままでした）。

　天津金木は、天皇家にも関わる大事な秘術と言われていますが、その正体はよくわかっていないようです。大石凝のじいちゃんが本に書いていますが、構成は立体曼荼羅＊、神聖幾何学のような内容。宇宙のミクロの構造は、神聖幾何学で立体、フラ

＊大石凝真素美：天皇みずから国家の吉凶を占ったとされる天津金木を復興させた人物。著書『天津神算木之極典』は、真訓を施した古事記に則って天津金木を書き著したもの。大元の出口王仁三郎にも伝授したとされ、王仁三郎は、天津金木で神業の進展を図ったと言われる。

ワーオブライフなど、平面で見ているとわかりませんが、天津金木はそのことに関係していると言われているそうです。最後の最後、ミロクの世にグレンとひっくり返るときに、天津金木が非常に重要だと言っている研究があるようです。

　たしかに天津金木の書から、ひっくり返ると言ってきているのが聞こえるのです。解説には、「アマテラスの正体を表に出すことになる」とも書いているようですが、だからこそ、私の自分の神降ろしの部屋に、そのアマテラスの正体に関係する饒速日がいるのかと思いました。私の自分部屋の神降ろしの場所は、まだ人を入れるなと言ってくるので、徐々に開示している状態です。

　この書を、来てから半年ぐらいかけて読まされました。そこには神々が順番に出てくるのですが、その内在神を持っている人物が、私の目の前に現れるようになりました。

　私は神様の祭壇をつくったので、自分でしめ縄をつくろうと思っていると、お客さんに、「麻ひもでやっている人がいるから、ワークに行こうよ」と誘い出されて、しめ縄をつくりに行きました。そこで、葉山に住んでいるおばさんに出会いました。
「あなた、ただ者じゃないわね。しっぽが出ているわよ」
「実は、私は玉依姫のことをここでやっています」と言うと、
「ちょっと待って。私、数日前に玉依姫様の写真が撮れているの。見てちょうだい」と、写真を見せられて、
「あなたのうわさは、じつは聞いていたわ。私の内在神は秋津

＊曼荼羅

「宇宙番」霊媒巫女の知られざる裏神業　リラ星ライラ、玉依姫、饒速日、瀬織津姫etc.
———神々との交流秘録

（上）大石凝真素美（1832〜1913年）。言霊学者・国学者（中）奈良県桜井市に位置する大神神社。主祭神は大己貴神の和魂、大物主神である蛇神（下）古代ギリシャ・ローマの太陽神ミスラ。メシア（救世主）的な特徴は、弥勒菩薩に受け継がれたとされる

第一録 「神／己の真姿を見ざる」をひっくり返せ！

姫なの」

　その名前は、私が前日に天津金木の書で読んだ神様の名前でした。本当に出てきているのだと思いました。

　その方は、

「私もリトリートのバスツアーをやっていたんだけど、今は一人になってやっていたら、玉依姫の啓示が降りてきて、今日あなたに出会ったのよ」と言われた。

「私もリトリートをしていたけれども、いったん沖縄に飛ばされて、今、饒速日を祀っている状態で、天津金木の書を読んで、その中で秋津姫＊が出てきたら、あなたが現れました」とお話ししました。

　その方は、「相模の龍神は人間界に愛想が尽きて、上がってしまっているから、私はそれを移動させているの。これから地震も来る。人工の地震もあるけど、本物の地震もある。すごく大変になるから、それを人間の意識と同時に変えていかないとダメなのよ」と言われました。私が啓示を受け取っている「大難を小難に」という啓示とピタリと合ったのです。その方と一緒に半年ほど、ご神事をやりました。

秩父の雲取山近くで苦も取り玉を納めて天門が一つ開く。残るはあと三つ……？

　俱利伽羅大龍不動明王という龍の啓示も出てきました。鎌

＊秋津姫：饒速日の母。「先代旧事本紀」では、天忍穂耳尊と萬幡豊秋津師比売（秋津姫）の子が、饒速日。

倉の七里ガ浜から八雲神社に連れていかれたときに、何も祀られていないけれども、遺跡の柱があって、そこに龍がブワーッと現れたのです。「火龍だ」そう言ってきました。ここには昔、水が流れていたようで、この山の中には、那智の滝が本当にあったそうです。

しかし、この一帯は開発地になって家が建ってしまったことで、その滝もなくなってしまった。でも、この地の下には水が流れているというのは、地元の地主から聞いていました。たぶんここは、龍の住みかになっているのでしょう。この地点からは、ちょうど富士山が見えます。この火龍は、富士山と繋がっているのでしょう。

それからしばらくして、秩父の山に登れという啓示が来ました。じつは秩父行きの前日に、葉山の秋津姫さんを、鎌倉の山に火龍がいるからということで、案内することになりました。

山に入った瞬間、秋津姫さんも「あれ、キツネが来ているわ。何でキツネが来るのかしら。あなたに付いてきているわね」と言うのです。

「私は、ご神事をやるときは、キツネが降りてくるんですよね」

「そうなのね。守ってくれているのね」と言いながら、山の中に入っていくと、何も話していないにもかかわらず、

「ここは水が流れているわ」と言い始めました。

「そうなんです。那智の滝があって、ここの隅っこに出てくる

んですよ」と言った瞬間、突然ブワーッと火龍が現れました。その人も見える方なので、一緒に龍を仰ぎ見ながら、ご神事を行って、一緒に水色の玉を授けてくれました。

「この水色の玉をあなたに渡すから、明日の秩父の山でも出しなさい」と、預かることになりました。

次の日、主人と秩父へ。雪がすごく積もっていたので、手前の参拝のところで終わらそうかと話していると、売店のおばさんが、「あんた、呼ばれたね」と言うんです。

「呼ばれたら仕方ないよ。実は私は、山伏の弟子としてこの山に何回も登っていたんだよ。私はもうこんな足だからね。登れるなら登りたいよ。ここで昼ごはんを食べる前に、先に神様のことをやりに行きなさい。これを持っていきなさい、熊が出てくるから、何かあればこれを吹きなさい」と言われて、笛と支え棒を持たされました。

水を汲んでこいという啓示が来ていたので、

「ここに瀬織津姫か何かの水がありますか」とそのおばさんに聞くと、

「向かいの雲取山[*]にあるよ。でも、登るには何日もかかる。裏にとれるところがあるから、それは私に任せな。水は用意しておくから、その間に早く行きなさい」

そう言われて、雪山を登りました。結構きつかったのですが、祀られていたところの裏の崖、ここだなと思って、草の中に分け入っていきました。すると電気がビリビリと体じゅうに走り

＊雲取山：日本百名山。埼玉県秩父市・東京都奥多摩町・山梨県丹波山村にまたがり、標高2,017m は東京都の最高峰となっている。

「宇宙番」霊媒巫女の知られざる裏神業　リラ星ライラ、玉依姫、饒速日、瀬織津姫etc.
――神々との交流秘録

（上）三峯神社。埼玉県秩父市の標高1100メートルの山上に佇む（中）スパルタな神の山修行（左下）雲取山（右下）体じゅうに電気がビリビリと走った場所にて

ました。そこでご祈禱をして、「玉を持ってきました」と出した瞬間、目には見えませんが、きれいなクジャクがバーッと現れ、

「天門が一つ開いた」

と言われました。エメラルドグリーンの羽で、一瞬でクジャクだとわかりました。ああ、よかった、神のお使いのお役目が終わったと思ったら、

「あと三つ」

という声が……。

「エーッ、それって、どこですか」と聞くと、「後でわかる」のお返事が。天門って何だろうなと思いながら下りてきました。

山を下りて売店のおばさんに「すごかったです」と神様ごとの内容を言うと、

「向かいの山には瀬織津姫が祀られているんだよ。何年か前、ヘリコプターで天皇さまだけが行った。あのてっぺんに登るのは何時間もかかるからね。でも、大丈夫。この水は、裏で私が汲んできたものだよ」と説明してくれて、その水をもらいました。

その次の日に、その秩父の山で地震が起きたのです。ノロ婆からも、秋津姫の霊能者の方からも同時に、

「あんたらが行っていた山で地震が起きたね。だから行かされたんだよ。でも、これは（あんたらの神様ごとで）小難に替わっているはずだから」という電話がありました。

「宇宙番」霊媒巫女の知られざる裏神業　リラ星ライラ、玉依姫、饒速日、瀬織津姫etc.
——神々との交流秘録

その山は、やはり饒速日の山だったのです。

 **妙見信仰の術と如意輪観音の導きで
俱利伽羅大龍不動明王を家の祭祀場に祀る**

　前にも述べたように、鎌倉の七里ガ浜の裏山に、火龍（飛龍）がおり、白山神社もあります。

　最初に、白山神社に行ったときのことを、ここでもう少しお話ししたいと思います。

　ここに呼ばれたのは主人でした。私も一緒に行くことになり、ハイキングがてら二人で歩いていきました。白山神社に着いて、お社を見ると、屋根は穴があいているし、御社もぼろぼろです。

　私が「初めまして。今回呼ばれました」とご挨拶すると、赤いちゃんちゃんこを着たおかっぱの童子が、ぼろぼろの御社から出てきて、「ぼくは、童子」と言っています。お化けを見てしまったと思い、怖い！　と思った瞬間、ノロ婆から電話がかかってきました。

「ノロ婆、今、童子というおかっぱのお化けを見ちゃいました」と言うと、

「今、私のところは大雨なんだよね。ほかの人には電話が繋がらない。でも、あんただけ繋がったから、びっくりだよ」と言うんです。

「それはそこの神様だから、何を言っているか、ちゃんと意味

＊龍宮童子：龍宮から来た存在。福をもたらす存在として座敷童子と類似するが、龍宮童子は、その人次第でついたり離れたりで、座敷童子は、自らついていくか離れるか決めるとされる。鉛刀一割（えんとういっかつ）という言葉で、謙虚でいることの大切さを龍宮童子の昔話で説いている。

第一録 「神／己の真姿を見ざる」をひっくり返せ！

を聞きなさい。だから、私は電話をさせられているのよ」

「わかりました」と言って、いったん家に帰りました。

　自分の神様に、「童子が来ていると言っています」と告げると、そのとき天津金木の書が倶利伽羅大龍不動明王のページでした。さらに調べてみると、龍宮童子*（雨宝童子）という文字が……。13〜16歳の子どものときのアマテラスです。

　ちょうど玉依姫を預かる龍口明神社近くの祠の地主の方が新潟から帰ってきていたので、「七里ガ浜の山に龍宮童子が出てきています」とその方に伝えると、

「それはあんただよ。後でわかるから」と言われました。一体どういうことだろうと、わけもわからずに考えあぐねていました。

　それからほどなく、天狐、空狐が降りてきたとき、般若心経をあげろと言われたので、般若心経をあげていました。息子は、その般若心経を聞きながら寝たらしいのですが、「ママ、怖い。これ、誰にも言わんといてや、変な人と思われるから。象に乗って、剣を持った、青い巨大な人が出てきた。アブダクション、アブダクションと言っている。青だと思ったら、次に赤色も出てきて、象に乗ってんねん」と言うのです。調べたら、蔵王権現で別名シバ、または宇宙根源の倶利伽羅大龍不動明王*だったのです。

　すごい神様が来ているよと、ひとまずノロ婆に聞くと、

「息子は何年？」

＊倶利伽羅大龍不動明王：倶利伽羅は、サンスクリットのクリカに由来。八大龍王の一つで、密教仏典では黒龍とされ、倶利伽羅龍と呼称される。岩上に直立する宝剣に、火炎に包まれた黒龍が巻きつく姿形。不動明王信仰とともに不動明王の化身として特に崇拝される。武士が大切にする剣太刀とも関係があり、鎧や兜などにも刻まれる。

77

「宇宙番」霊媒巫女の知られざる裏神業　リラ星ライラ、玉依姫、饒速日、瀬織津姫etc.
──神々との交流秘録

「辰です」

「あんたの息子もあんたと同じ命を持っているから、来ちゃったんだよ。来年、辰年でしょう。こんなに巨大な神様の修行をやったら大変だから、そのかわり、できるまであんたが神様に断りを入れてやりなさい。その仏を持たなきゃ」と言われた。

「いま、２体を預かっているだけでも、儀式を毎日やっているから大変なのに、３体目ですか」と言ったのですが、カンダーリは、修行をやらないと命をとられたりすることがあるのです。

「そういう禊ぎが来ちゃうから、私たちも必死でこんなことをやっているんだよ。この何年かであんたも経験したでしょう」と諭されました。

　私は、息子をとられたら絶対に嫌だし、私も主人とふるいにかけられるのも絶対に嫌、その一心で神様ごとをやっていたので、

「私が（全部引き受けて神様ごとを）やります」と言いました。

「じゃ、何を祀る？　これはテストだよ。仏像なのか、掛け軸なのか、それも全部聞きなさい」とノロ婆が言うので、宇宙天に聞いてみると、倶利伽羅大龍不動明王の仏がボンと見えたのです。

　しかも、「仏像もいっぱいあるから、どこで買えばいいんですか。ノロ婆のところに取りに行けばいいですか」と言ったら、「それも上に聞きなさい」と言うのです。聞いたら、「メルカリ」と言う言葉が返ってきて、色も全部見せてきました。

　　　＊妙見菩薩（みょうけんぼさつ）：北辰尊星王（ほくしんそんしょうおう）ともいい、北辰（北極星）を仏格化した「星の仏様」。宇宙の中心・根源とされ、星々のなかで最高位にある。あらゆる願いをお聞きくださる諸願成就の仏様と言われる。

第一録　「神／己の真姿を見ざる」をひっくり返せ！

「人から譲り受けていいものなの？」と思いましたが、「そう言うんだったら大丈夫。探しなさい」とノロ婆に言われて、メルカリを探すと、木製のカラフルな倶利伽羅大龍不動明王があったのです。手が届く値段でした。こういうとき、神様はピタリとそのお金を用意してくれるのです。あとはノロ婆のところに郵送して御霊を入れてもらうしかないねということで、メルカリで購入しました。

　すると、メルカリは通常郵便で配達されますが、なんと本人が直接持ってきたのです。しかも、「私は、『AWANOUTA』の前にある時計屋さんによく行っていたから、お店がすごく気になっていた。家からも近すぎてびっくりして、縁を感じて持ってきました」と言うのです。仏像にお土産のまんじゅうと手紙付きで頂きました。

　手紙を読むととても丁寧に書かれていて、その方の名字が「みょうけん」でした。私は妙見信仰*で、如意輪観音にご縁があり、北斗信仰でもあるので、北斗七星と南十字星のお役割をやらされてもいます。妙見*の術が勝手に降ろされたりするのです。

　すべてが繋がっているなと感じながら、とにもかくにも、ノロ婆の力添えも得ながら、倶利伽羅大龍不動明王という、剣に巻きついた龍の啓示も受けながら、倶利伽羅大龍不動明王を家に祀ることになり、ご神事で祀りの儀式を執り行いました。

＊妙見信仰：北極星や北斗七星を神格化した信仰。古代中近東の遊牧民や漁民に信仰された。その後中国に伝わり天文道や道教と混じり合い仏教に取り入れられて妙見菩薩への信仰となっていったとされる。

79

「宇宙番」霊媒巫女の知られざる裏神業　リラ星ライラ、玉依姫、饒速日、瀬織津姫 etc.
　　　　　──神々との交流秘録

（左上）雨宝童子。天照が日向に下生したときの姿。右手に金剛棒、左手には宝珠をもつ（右上）倶利伽羅大龍不動明王。インドの八大龍王に繋がる説も（左下）インド神話に登場する雷神・太陽神、帝釈天（右下）倶利伽羅大龍不動明王とお土産のおまんじゅう

80

忌部、玉依姫、リラ、賀茂郡の関係が巡り始めふたたびヒカルランドさんと遭遇

　天から言葉が降りてくるようになってから、忌部という言葉が暗号のように降りてきていました。私の旧姓は三木といいます。玉依姫を預かるようになってから、リラの残した理解できない言葉を検索して調べると、三木家の先祖の忌部＊という言葉が出てきて、玉依姫、リラ、賀茂郡（阿波の忌部一族と共に北上した阿波の鴨一族。伊豆の賀茂郡の地名もその名残）が繋がりました。

　私の父は四国の徳島出身で、おばあちゃんの家が、国で認められた忌部の集落なのです。しかし、おばあちゃん、おじいちゃんはもう亡くなっているので、それ以上のことはわかりません。鎌倉に移り住んで来たときに、お客様で忌部にまつわる研究書を持って来てくれた方がいましたが、膨大な資料の上に字も細かく判読もできない状態でした。私の家系図や忌部のことも、わからずに止まってしまっていたんです。

　この忌部のお話も、いずれ書記の方が現れて、開示されていくと啓示が来ていました。ノロ婆にも、そうした啓示が降りてきていたそうです。すると、小田原の先の真鶴半島近くのお店で、ヒカルランドの方とバッタリ再会することになったのです

＊忌部：忌部は穢れを忌む集団という意。忌は慎みをもって神事で穢れを取り去り、身を清めることを言う。

「宇宙番」霊媒巫女の知られざる裏神業　リラ星ライラ、玉依姫、饒速日、瀬織津姫etc.
──神々との交流秘録

（上）忌部（いんべ）は、古代ヤマト時代より宮廷祭祀、祭具製作、宮殿造営を担った名門氏族（中）長篠の戦いを描いた絵図。織田信長の横にいる六芒星（カゴメ紋）の白装束の人物達は忌部氏と言われ、元伊勢神宮の神官だった（下）忌部氏の家紋となる麻葉

第一録 「神／己の真姿を見ざる」をひっくり返せ！

(そのお店の名前は貝汁食堂。かいじる＝開示するというダジャレの暗示付きで)。

　そのときヒカルランドさんとご一緒されていたのが武内一忠さん＊という、巨石文化とペトログリフを解明される研究者の著者さまでした。江の島の奥のほうに古代のケルトの洞窟壁画や、三浦半島の突端の海南神社に有名なケルトの紋章があるなど、古代文明の民が、湘南や三浦半島に移住して、この地域はとくに深い繋がりがあるそうです。真鶴は、宮廷の祭祀を司っていた三木姓（忌部）の集落もあります。西方から真鶴に流れてきたと言います。

　私に降りてくる啓示にも、ペトログリフや、忌部からもメッセージが来るようになっていました。それが真鶴にも繋がり、富士にも繋がっている。全部が繋がって、三木の血が入っている私が裏で動くお役割になって、この真鶴でのヒカルランドさんとの再会も神様に仕組まれているのだと感じました。そして、「タイミングにあらず」ということで流れた書籍のお話が、ふたたび始動することになったのです。

五色の黄色（金龍）日本人が世界の大元
真実の歴史を表に出すことが未来への大事な鍵

　これまでは、神様のお話を表に出そうとすると、大体途中でストップがかかってきます。ノロ婆も結構ストップをかけてく

＊『真実の歴史』武内一忠著

83

るのですが、今回の書籍化の話ではストップがかからなかったのです。

「言いなさい。それをちゃんと言うことで、歴史が全部繋がってくる」と言われました。すごいプレッシャーがかかってきますが、封印を解いて公にするときなのだと感じます。

——（以下棒線、書記編集）「はつくにしらす」とは、初めての国は日本と言う意味で、それを世界にしらしめなさいというので、スサノオ*が世界中を行脚した話があります。

　竹内文書では、8人の日本の王子が世界に行って、そこからシュメールも始まり、のちにシュメールの人々が日本に戻って来たということです。

　日本では、過去と未来がまじり合って有が生まれるとされ、そういう意味では、日本が世界で最初の創造の起点になっているとされます。ユダヤの人々も日本に来て、秦氏と深い関係がありますが、それ以前に、日本人が向こうに行ってユダヤ人になって戻ってきているという説もあります。

　五色（ごしき）人が、人類の最初の最初で、その中の黄色であるのが日本人で、大元の人類。そこから青人、赤人、白人、黒人が派生しているとされて、日本が世界万国のふるさとという説があります。

「五色」のメッセージは私も受けており、すでに幣立神宮*の五

＊スサノオ：素戔嗚。イザナギが禊をした際に、鼻を洗った時に生まれた神。高天原で暴れ追放され、出雲に降り立った荒神とされる。同時に、海の守護神、疫病除け、出雲ではヤマタノオロチを退治した英雄神、開拓神である。

色、五つに分かれた色の龍たちをご神事で繋げていますが、真ん中には金龍（黄色）がおりました。そのことは、黄色の日本人が世界の大元であり大事な鍵を握っているという表れであると感じています。

　語られてこなかった真実の歴史を表に出して残せ！　と上は言ってきており、その啓示の熱量は加速してどんどん増しています。

　隠れた歴史については、先に触れたように、真鶴には忌部の集落があります。そこと千葉の房総が一直線に繋がって、直線上の遺跡にはケルトの文字もあります。

　真鶴近くの子之神社の宮司さんに出会ったときでした。私はそのとき、忌部がずっと降りてきていたので、忌部は私のご先祖だというお話をしたら、真鶴一帯は忌部が流れ着いて、三木姓ばかりですと言われました。

　その宮司さんは、天照国照彦天火明櫛饒速日尊の直系の末裔の方ということで、その方の家が代々継いでいて、私に繋がっている神様を全部祀っていたのでした。

　私は、ペトログリフの場所に別荘を借りることになりましたが、宮司さんには、この一帯の古代遺跡には、ケルト文字とかペトログリフが出てきているという伝承のお話を受けています。大難を小難に替えることも、聖徳太子も、空海も、菅原道真も真鶴で見せられたビジョンで全部繋がっています。

＊幣立神宮：熊本県上益城郡山都町大野に鎮座。713年創建。ご祭神は「海童神（わだつみのかみ）」。5年に一度「五色人祭」が開かれ、秘宝の五色神面が披露される。『竹内文書』には、かつて世界には「赤人」「青人」「黄人」「白人」「黒人」の根源的人種がおり、黄人は五色人の大本、中でも日本人は、これらを超越する「黄金人」の末裔であるともされる。

「宇宙番」霊媒巫女の知られざる裏神業　リラ星ライラ、玉依姫、饒速日、瀬織津姫etc.
——神々との交流秘録

「坤の金神を、艮に戻せ」という重要な啓示
南から北へ繋ぎのご神事をせよという宇宙天の声

　私は、コロナの始まりの時期、前でも触れましたが、富士で豊玉姫様にお会いしたとき、富士山本宮浅間神社で、考古学者の方たちと出会いました。

　宮下文書とか竹内文書が本当なのかわからなくて読めないからと話すと、富士山は富士王朝時代に静岡側と山梨側に分けられたことなどを話し始め、「全国から富士信仰を調べに来る人がいるけれども、危ないから断っている、でも、あなたは案内しなくちゃダメだから」と、その人たちが調べているところを何カ所か案内してくれたのです。

　そこでまた大きな啓示をもらいました。

「坤の金神を、艮に戻せ」

　今、南から富士までの繋ぎをやってきて、次に北に上がらなくてはいけない。福島県会津も忌部に関係してくるのですが、そこも繋げと言われている。ノロ婆に「朱雀が案内するよ」と言ったのですが、前でも触れた、金太郎の金時山に降りた「おのころ島に宝珠」というメッセージを調べてみると朱雀は南側に関係すると出てきました。

　私は妙見信仰も降ろしているから、結界を我流にやると、式神というか、勝手に矜羯羅童子などがボンボンと出てしまうと

＊矜羯羅童子（こんがらどうじ）：大日如来化身の不動明王の眷属、八大童子の第7番目の尊格。

きがあります。

ノロ婆に「(矜羯羅童子が) 陰陽師とか陰陽道とか言っているんですけど」と伝えると、

「正解。私たちがやっていることは、その元だ。実印を最後に押すような見極めや、繋ぎの役割を裏方でやるから、表にはあまり顔を出せない。一つ間違えると、私たちも命を狙われるから、裏で動いているんだ。国の重要な系図を持つ裏天皇の忌部氏や秦氏にとっては、天之御中主神が、豊受の神＝金龍であり、人間にもわかるように瀬織津姫とか饒速日という名前に替えたりしているけれども、すべては宇宙の根源神が裏の元だから、そこからの啓示を受けて私たちがお役割で動いている。アマテラスも天津金木で開いていくことになるし、もう表にも出さなきゃダメということなんだよ」。家の神様方からも、これまで裏で動いていたことを表に開示するOKが出たのでした。

隠されていたスサノオ＝饒速日の系譜
国常立大神の流れを表に出せという啓示

そんなとき、賀茂神社の関係筋に会うことになりました。その方もスサノオの末裔として系図が残っている方で、ノロ婆たちも1年前からずっとスサノオ、スサノオと言い続け、スサノオ＝饒速日とも言ったりしています。国常立大神＊の流れが封印されている系譜です。

＊国常立大神 (くにとこたちのおおかみ):「国＝国土、大地」「常＝恒常性」「立＝現象の確立」、国土や大地の定立を表す神様。地球創成に深く関わった金色の龍神と言われる。

そこも、表に出せという啓示が降りてきました。とても厳しいけれども、霊験もすごいから、ごく一部の政治に関わる人たちが、隠しながらもその力を使っていました。一般の私たちは気づかず眠らされたままでその力は使えません。しかし、「その霊験を使え、その力を使え」と言い始めているのです。

国の災いの盾となり、人々を護っている神社も様々な妨害や制限を受けながら、権力と戦っている状態で、まさに命がけです。しかし、志高く、強い信念を持つ神社の方は、「使命をやらなきゃダメだ」ということで、一般の人にも神様の裏の真実を伝え始めています。

そして、この啓示が終わってから、倶利伽羅大龍不動明王を、前述の「みょうけん」さんという方が持ってきてくれたわけです。みょうけんさんが持ってきたまんじゅうには、メッセージが隠されていました。まんじゅうの名前が関東にある神社の名前なのです。修験の人たちが登る有名な山にあって、倶利伽羅大龍不動明王、天狗、そして今まで私に啓示が来ていた存在たちが全部その山に祀られていました。家に祀ることになった倶利伽羅大龍不動明王は、息子に降りてきた蔵王権現でもあり、さらにたどっていくと金龍＝饒速日と瀬織津姫に繋がりました。金龍の表と裏に、饒速日と瀬織津姫がいることもわかったのです。

最近、降りている豊受（とようけ）は、伊勢と言ってきています。しかし、降りてくる忌部たちが言うには、伊勢神宮のことではなくて、

第一録 「神／己の真姿を見ざる」をひっくり返せ！

（左上）高尾山薬王院のご本尊。白狐に乗った烏天狗の姿をしている（右上）歓喜天。
インドではガネーシャ、龍宮童子にも連なる（左下）式神／識神は陰陽師が使役する神。
悪行、善行を見定める役（右下）古来より伝わる陰陽道、「艮の金神」鬼門北東（艮＝
丑と寅の間）の方角、「坤の金神」鬼門の反対南西（未申の間）の方角

会津の集落に「伊勢や出雲が、すべてある」と伝えてきて、いずれかの時期に足を運ぶことになると感じています。

太陽より北斗七星と阿比留草文字のビジョン「24、25年の一大事に十種神宝を使え」という空海の指示

約2年前に、千葉の玉依姫が祀られているところに行く啓示があったときに、太陽からひしゃく(北斗七星)が、大きなビジョンで出てきました。そのときに古代文字も見せられて調べると、阿比留草文字での「も」という文字でした。

要は、北斗七星のひしゃくから何かが漏れている、というのを太陽が見せてきたのです。「何でそういう伝え方をするの」と聞いたら、その種族の者、血の者にしか見せないと。そのときは表に出すなと言われたのですが、今は話してもよい状況になりました。

空海も私の家にやって来ました。如意輪観音さんをお祀りしているところからブワーッと出てきて、私の眉間を、穴が開くぐらいに、グーッと強く押してきて、

「開眼。一言一句、間違えるでないぞ。大難を小難にしろ。解脱しなさい、黙示録」そう言ってきたのです。そして、「先代旧事本紀*」の黙示録のある条項を伝えてきました。それは天照国照彦の項目だったのです。

*『先代旧事本紀』:神代から推古天皇の代までの神話や歴史を中心にまとめられた神道古典の史書。推古天皇の命を受け、聖徳太子が編纂したとされる。

そこには、

「天孫降臨して、三十二氏族と五部族と、船と船長がこの地に降りてきたこと」

「国が一大事のときには十種神宝を使って守りなさい、大難を小難にしなさい」ということが書かれているのです。

「先代旧事本紀」は偽書と言われたりしますが、事実であると言うのです。天皇のお姿が龍で描かれており、天武天皇にはうろこがあって、しっぽがあったというお話もあるようです。

饒速日が家に来て、天津金木でアマテラスを表に出してということも、様々な証拠をあげながら見せてきています。書を調べると、その中にすべてが書かれているという具合です。

さらに空海は、「周りを巫女にしなさい。人を入れていきなさい」とも言ってきました。「どうやってするのですか？」と聞くと、

「護符、護符」と言ってきました。

私の神様を分け御霊としてご自宅にお祀りできるように、今のアマテラスは違うから、自宅の神棚に本当のアマテラスをお祀りして、表が饒速日で、裏が如意輪観音の札を出すようにして繋がりなさいと言っています。リトリートのときには、必要な方にご祈禱のメッセージを降ろすこと、札を求める方にはその札を護符にして渡すようにとの指示でした。

私たち神様をやっている人たちだけでは間に合わないという啓示をすごく見せられたので、「大難を小難にするにはどうし

＊十種神宝：先代旧事本紀の「天孫本紀」（巻３）に天璽瑞宝十種（あまつしるしーみずたからーとくさ）として登場する10種類の宝物。饒速日が天降りする際、天界から授けられたとされる。沖津鏡・辺都鏡・八握剣・生玉・死返玉・足玉・道返玉・蛇比礼・蜂比礼・品物之比礼。神宝を手に取り、秘伝の祝詞を唱える秘儀で、病や傷が癒え、死者復活もできるとされる。

「宇宙番」霊媒巫女の知られざる裏神業　リラ星ライラ、玉依姫、饒速日、瀬織津姫etc.
——神々との交流秘録

（左上）北は北海道の宮司から南は沖縄のノロ婆まで、祈りの電波で繋ぐ全国合同のご神事（右上）鎌倉の八雲神社御拝所に仲間と参拝（中）空海。空海は弥勒菩薩との関わりが深い（左下）阿比留草文字。神代文字の中でも神道界に強い影響を与えた文字の一つ（右下）ネブラ・ディスク。人類最古の天文盤。中心から右上の点の集まりがプレアデス星団

たらいいのですか」と質問すると、

「自分には力がないと思っている普通の人たちも、もともとは力を持っている。その意識改革がまだ何割か足りていないから、そこを底上げしなさい。同時にやらないと間に合わない。24年、25年には大変なことがどんどんやって来るから」と言われました。

プレアディアンから届いた8のメッセージ
すべて疑念をもたずに実行せよ！という
応援の言葉

　鎌倉・稲村ガ崎の温泉に入っていたときのことです。この裏には、龍宮童子が出てきた白山があります。午前中早くだったので、誰もおらず、大の字に浮いていました。雲が普通の雲でなかったので、「絶対にいるな」と思って、ちょっと交信をしてみたのです。

　すると、メッセージを伝えてくる存在が突然目の前に現れました。

「誰？」と聞くと、「プレアディアン*」という答え。そして英語で、「今からあなたをチューニングします」と言ってきたのです。

「どこでやるのですか」と聞いたら、「ここで」と言うから、

「誰か人が来たら困る」と伝えると、「大丈夫、その間は誰も

＊プレアディアン：プレアデス星人。平和を愛し、争いごとを好まないと言われる宇宙人。「すばる」の名で親しまれるプレアデス星団は、約410光年の距離にあるおうし座の散開星団で、星数は約130個ある。

来ないようにしますから」それから、ギーギーガチャガチャ、ギーガチャガチャと、何かしている感じの機械音が伝わって聞こえてくるのです。

「これからあなたの目の前で起きることはすべて疑わずに、そのまま実行しなさい」。そう言われて、数字の8を意味するメッセージがいっぱい届きました。8という数字は、プレアデスに繋がり、そこからスサノオにも繋がってくるのです。宇宙の根源神からのサポートがあることを体感した出来事でした。

また、ブルーエイビアンという宇宙人も家に来ました。ものすごく知性の高い青い鳥で、動画に撮れたので残しています。家で、ピカピカと小さい光で出てきました。サポートを強く感じております。8の数字を暗示する場所は、ノロ婆と一緒に開くことになりますが、それはまた後ほど触れます。

虫（精霊）の使い手であるノロ婆を通じ
ケプリ神から国四鎮の Go サインが出た

ノロ婆と電話で、降りてくる啓示のことでやりとりをするとき、正解のときには虫が出てきたりします。ノロ婆は虫を出すことができる生物の精霊の使い手なのです。ノロ婆を通じて、私の神様の部屋にあるアマテルの鏡の中からも虫が出て、正解であることを示すこともよくあります。

あるとき、ノロ婆から、

第一録　「神／己の真姿を見ざる」をひっくり返せ！

「今日はカナブンが入ってきて、なかなか建物の外に出ないんだよ。何かあるかなと思ったら、あんたから電話だよ」

　そのとき、

「スサノオがここに来ていて、こういう状態なんですけど」と私が言った瞬間、電話している目の前のアマテルの鏡から、本物のカナブンがポンと出てきました。カナブンを調べると、エジプトの太陽信仰のケプリ神[*]、顔がカナブン（タマオシコガネ／フンコロガシ）の神で、「Go！護符を出せ」と、空海と同じように護符のことを言っています。

「（スサノオの神様の）禊ぎはどうやったらいいのですか」とノロ婆に聞くと、「国四鎮（くにゆうちん）に繋げ」と言われました。

　このとき、バーンという爆発音とともに、突然ノロ婆との通話が途切れたのです。雷や電気に関係するタケミカヅチが入ったのでした。Wi-Fiは切れていないのに「どういうことでしょう？」と玉依姫様に聞いてみると、

「Go（というサイン）。すぐに（電話も元に）戻る」と言ってきました。それは正解だよという意味で、その言葉の後すぐに電話も繋がりました。

　沖縄は龍神信仰で、祭祀の修行をやっているもとだから、ここで繋ぎの禊ぎをやると内地に上がっていくということでした。国四鎮とは、国の四獣神をつなげる神業で、「護符に御霊を入れてよい」という神様了解の啓示なのです。そしてまた、沖縄の修行に飛ばされることになりました。

---

[*]ケプリ神：男性の体にカナブン／タマオシコガネ（フンコロガシ）の頭をもつ姿で表現。丸めた獣糞を自分の前で転がしながら運ぶ姿が、太陽の運行を象徴すると考えられたとされる。

「宇宙番」霊媒巫女の知られざる裏神業　リラ星ライラ、玉依姫、饒速日、瀬織津姫 etc.
──神々との交流秘録

シラサギ出現による霊的暗示
カンダーリで高野山・空海の護摩焚きを葉山で

　その日の晩、主人と外食のため車に乗っていると、いきなり止まってしまいました。「また電気（の不具合）で、知らせが来ている」と思いました。けっきょく夜中の２時過ぎに、レッカーで帰ってきましたが、駐車場に止めた瞬間、突然「ギャーギャー」と赤ちゃんが泣き叫ぶような声が。夜中の静寂を切り裂くように鳴り響いて、恐怖で鳥肌が立ちました。しかし、もちろん赤ちゃんではなく、犬猫でもない。私が駐車場の上を見た瞬間に、大きな白い鳥が飛び立っていきました。こんなに大きな白い鳥がどうして駐車場の上にいるの？　調べてみると、シラサギだったのです。

　次の日も、シラサギ*は家の上に飛んで来ました。じつはこのとき、岐阜県の美濃に意識次元が繋がって、ヤマトタケルのご縁のある地に行きました。シラサギはヤマトタケルの象徴であり、また霊的なポイントを暗示したり、行き先場所を教えてくる存在でもあります。

　このとき家の頭上の雲もシラサギの形をしていました。これは何かを啓示していると思い、ノロ婆に連絡してシラサギのこと、空海が家に来ていることを話しました。

「空海がずっと来ていて、あんたは般若心経を聞いていたのだ

＊シラサギ：神の御使いであるとされ、サギの飛来する場所は神域を意味し、魔や厄を祓うパワーがあり吉兆のしるしとされる。日本／倭建（ヤマトタケル）は、白い千鳥となって天に昇ったとされ、白鷺神社や白鳥神社のご祭神にもなっている。

96

ろう。高野山には行ったのかい」と言われました。

「昔、大阪に住んでいたときに行ってたけど、最近は行っていない」

「行かなきゃダメだ。行っておいで」

　そう言われて、主人と３週間後に行く予定を組みました。

　すると、日が近くなって主人と大ゲンカをして、旅行どころではなくなりました。収拾もつかず、とうとう私は「家を出ていくわ」と叫んでいました。

　神様は、ときに予定どおりに行かないようにするためにカンダーリを起こすことがあります。今回もそれかな？　と頭の片隅では思いながらも、出て行かざるをえない状況になりました。

　秋津姫の方が神奈川の葉山に住んでいるので、「こういう状態で行くところがない」と言うと、「裏に娘が住んでいた部屋が一つ空いているから、住んでいていいよ」と手を差し伸べてくれました。

　そして、その家に向かう日、葉山へ向かう道で、パッと右のほうを見ると「高野山」と書いてあるお寺があったのです。

「すぐ行け。すぐ行け」と啓示が突然降りてきたので調べると、そこは高野山の分院でした。

　お寺の人に「今日は、何かあるのでしょうか」と聞くと、今日は空海の命日で、護摩を焚く日とのことでした。主人と高野山に行って、護摩焚きをやってもらう予定もなくなり、替わりに葉山にある高野山の分院に来ている……なんとも不思議な気

持ちで、護摩焚きをやってもらいました。きっと主人との大ゲンカから仕組まれて、この葉山の高野山の分院で護摩焚きをさせられることになっていたのでしょう。

先代旧事本紀の黙示録に記されていた
「十種神宝」で日本を守護する鎮魂の法を学ぶ

葉山に間借りした秋津姫の方に、「賀茂神社の関係筋の方が東京に来るので、お話し会に申し込んでいるから、一緒にどう？」と言われて、行くことになりました。私を守護している存在たちも喜んでいるのがわかりました。

そのお話し会の一発目が、前でも触れたじいちゃん、国学者で言霊学者の大石凝真素美のことでした。私は、饒速日のことを話してご縁が近くなり、「一緒に何かできたらいいですね」という流れになりました。

そのあと、十種神宝について話が及びました。神社で修行した宮司さんたちが、年に１回、朝から何カ月も入って（十種神宝を）修行するとのことですが、神様は私に「それを教えてもらえ」と言ってきました。

十種神宝は、饒速日が扱っていた鎮魂の法でもあり、前述したように、先代旧事本紀の黙示録には、「大難を小難にするために十種神宝を使って日本を守りなさい」と書いてあります。

しかし、「私は神社の宮司でもないし、そんな修行はできま

せん。シラサギや空海の導きもあって、あなた様に会わされて
いると思うので、どうにか大事な要素と実践法だけでも教えて
もらうことはできませんか」と話してみると、
「ちょうど僕も、そういったことをやろうと思っていたから、
何十人か集まったら鎌倉・葉山のほうに行きますよ」と言って
くださった。

　それから毎月、来てもらうことになって、十種神宝の鎮魂の
法を教えてもらうことになりました。眠っている先祖たちの歴
史の裏側、そこに残っている人々の想念など、闇に落ちてしま
っているものに祈りの法を捧げることを続けています。

　鎮魂の技法である十種神宝をやっていると、牛頭族のメッセ
ージが降りてきました。さらに、スサノオ、牛頭族、スバル、
六連星、大熊座の北斗七星と北極星、南斗六星や南極星などの
ビジョンと言葉も一緒に連なって降りてきます。

　歴史から隠れていた／隠されていた神様や霊的巨星の存在た
ちも、後押しすべく繋がって表に出てきたのです。それは、大
難を小難にするために、災害や地震や異常気象などの天変地異
や疫病を鎮めたり、人間の荒ぶる想念やご先祖様から代々続く
過去の負の記録など積もり積もった低いバイブレーション意識
を、一挙に同時に上げていくために、宇宙の理のために用意さ
れたものなのです。

　こうした鎮魂の法の集まりで培ったものを実践したり、ノロ
婆たちとのご神事で光の御柱を立てたり鎮魂をして、大難を小

「宇宙番」霊媒巫女の知られざる裏神業　リラ星ライラ、玉依姫、饒速日、瀬織津姫etc.
——神々との交流秘録

(左上、右上)十種神宝の鎮魂法を学ぶ会の様子。鎌倉にて (中) 十種神宝。饒速日が扱っていた秘法 (下) 沖縄の某所でノロ婆と国四鎮繋ぎのご神事を行う

難にする行を、今も続けています。

木花開耶姫の神託で目の神、聖徳太子と共に9の姫を富士に連れ戻す

宇宙天の神様方からは、数字がいくつも降りてきて、数字が指し示す場所を整えながら、ポイントポイントを繋いでいくように指示が出ています。

私の母は九州出身ですが、九州にある9を暗示する場所を繋げという啓示も受けていました。さらに、この9を開くことで、龍口寺と龍口明神社にある6、7、8の場所に繋がってくることになります。8については、前でも触れましたが、プレアディアンにも盛んに言われていた数字です。

じつは以前、江の島で龍が上がってしまっていたから、その龍をいったん戻す啓示もあって、ノロ婆は龍戻しのため、金龍を繋げるご神事を行いました。そのすぐ後に、私はノロ婆と一緒に6と7と8の場所を繋ぐご神事を行いました。

その後さらに九州で9を繋げという啓示が来たのでした。「あんたはアマテルを持っているでしょう（アマテルは饒速日に連なり、裏神は瀬織津姫であるため、著者に繋がっているということ）。だから、9の姫が待っているんだよ。木花開耶姫＊からのご神託だよ」とノロ婆たちに言われました。

＊木花開耶姫：国津神。富士山本宮浅間大社など全国の神社に祀られる。神話では、天照大神の孫の天津神・瓊瓊杵尊に求婚される。父の大山津見神は喜び、姉の磐長姫と共に嫁がせようとしたが、瓊瓊杵尊は磐長姫を送り返し木花開耶姫とだけ結婚。怒った大山津見神は、天津神の子孫に寿命を生じさせた。今回の啓示は、9の姫を富士の元に返すもの。

101

「宇宙番」霊媒巫女の知られざる裏神業　リラ星ライラ、玉依姫、饒速日、瀬織津姫etc.
——神々との交流秘録

　突然9が降りて九州に行けという啓示があったときには、「どうして九州なんだろう」と思っていると、『聖徳太子コード*』（ヒカルランド刊）の内容をビジョンで見せられました。九州にある北斗七星のひしゃくの各ポイントが描かれていたのですが、その場所の結界が漏れているというのです。

　次に、目の神様が来て、何だろうと調べてみると、サイノメノ神といって、饒速日、スサノオ、忌部、ユダヤのもとになっていて、宇宙の根源神の天之御中主神に繋がるのです。フリーメイソンもシンボルに目を使っていますが、根源すべての支配を示唆しているものです。

　次に右目から生まれたツクヨミも出てきてご指示を受けました。目の神様のご加護のもと、映画の「すずめの戸締まり」ではないですが、裏方の必殺仕事人のように、結界の漏れを塞いで、流れが循環するように繋いできました。

　目の神は霊験がとても高く、子孫末代まで影響を与えるほどの力をお持ちだと言われるほどの伝承があります。その力を扱っていたのが金龍でした。そこで私たちはご神事を行って繋いできました。

　じつは、北斗は7つの星だけでなく、8番目と9番目もあります。そして、10の十種神宝へと繋がるのです。神法の中で、三種の神器よりも、十種神宝のほうが強力で、最強の宝です。その十の宝を饒速日は扱っています。ニニギは三種の神器、饒速日は十種神宝を宿したという裏歴史があるのです。

＊『聖徳太子コード』中山康直著

102

第一録　「神／己の真姿を見ざる」をひっくり返せ！

　私たちがリアルにやっているということをなぞるように『聖徳太子コード』にも載っていました。聖徳太子も、蜂子皇子（聖徳太子の従兄弟）、空海、スサノオに、8を介してすべて繋がり、私たちが一刻もはやく目覚めるためのアプローチをしているのです。大難と小難がパラレルでせめぎ合うように同時に進んでいて、もう時間もないので、大難を小難にするために未来、過去から、重要な存在たちが降りてきてくれています。

　そして、その聖徳太子が、9の姫を連れてきたのです。木花開耶姫に導かれて、姉の石／磐長姫がおりました。そのときにバン！と見せられた字が、「目」の入った漢字でした。九州に生目神社というのがあるのですが、霧が出てきて「生目」から、「活目」という漢字に替わりました。表の木花開耶姫に、裏の石／磐長姫が合わさることで、活きた目になるという暗示でしょう。

　すると、応神天皇が出てきました。その奥様は、春の姫、桜の姫でもあるという暗示で、何か封印された歴史があるようでした。まるで「君たちはどう生きるか」という映画の話にぴったり重なってくるのです。映画では、ヒミ様という火の神が出てきますが、歴史でも、春の姫は火の神だという話が残っているのです。まさに木花開耶姫と重なり、封印されていた9の姫＝姉の磐長姫を動かせというメッセージに感じました。

　生目神社のご祭神は応神天皇です。生目から活目に変幻したのは、「大きく目を見開いて事実に向き合え」という啓示でし

＊生目神社：宮崎県宮崎市大字生目。亀井山の丘上東面に鎮座。「日向の眼の神様」として眼病にご利益があるとされ、信仰されてきた。元は生目八幡宮。過去の焼失で、創建など詳細は不明だが、11世紀中頃にはすでにあったとされる。主祭神は、ホンダワケノミコト（応神天皇）と藤原景清公。

103

「宇宙番」霊媒巫女の知られざる裏神業　リラ星ライラ、玉依姫、饒速日、瀬織津姫etc.
——神々との交流秘録

（上）熊本県山都町の幣立神宮（中）九州の生目神社。拝殿奥から霧が立ち込め生目から活目の漢字に変換される（左下、右下）「大きな木の下で待っている。木花開耶姫」のご神託どおり楠の下に9の姫が待っていた

第一録 「神／己の真姿を見ざる」をひっくり返せ！

（上）「上の部屋に神様引っ越し！　昇格」との啓示をいただき、ご神事は次なる段階へ　（中）母の実家の長崎に呼ばれて艮の金神を繋ぐご神事（下）めの神の意味を鎌倉の龍口寺で解き明かす

105

ょう。私は、九州から連れてきたこの９の姫を、富士に戻さなくてはいけないと感じて、そのご神事もやらねばならないと強く思ったのでした。

 腎臓の激痛でわかったご先祖からのメッセージ
富士に北斗七星の結界がある……

　九州でのエネルギーの放出量がすごかったので、鎌倉に戻ってから神様の啓示で、ハーブデトックスをすることになったのですが、このとき腎臓が腫れ上がるような激痛に見舞われました。これはハーブデトックスで何か未病のものが出ているなと思いました。１日で平熱から40度を行ったり来たりすることが７日間ほど続きました。

　しかし、意識はしっかりしていたので、おかしいなと思って調べると、先祖が何か伝えたいときに腎臓に急激な症状が出ることがわかりました。
「ご先祖様、何か（私に）伝えたいことがありますか」と聞くと、忌部氏の一族が、私のご先祖であって、九州から富士へのご神事のポイントは、そのことを肝に銘じてやるようにと言ってきました。そのことを踏まえて、ご祈禱をすると、滝のように全身汗が噴き出してきて、その瞬間に一挙に平熱に下がりました。

　九州でのご神事と祈りは、かなり危険なものであると言われ

ていたので、気をつけて用意周到に行ったのですが、もしや何かミスったのかなと思ったのですが、そうではなくて、「ご先祖たち（忌部氏）のカルマやそれに対する思いも表に出して。本当のことを伝えてほしい」そう伝えてきていると感じました。

　私は玉を持っていると前にも触れましたが、この頃ノロ婆に、「書記が現れるよ」と言われたのと同時に、「紫色の勾玉を買い求めなさい」と言われていました。私はそういうものをあまりつけないのですが、その言葉が頭のすみに残りました。

　九州の旅からほどなく、羅針盤を持つ主人が富士山に行きたいと言い出して、キャンプに行くことになりましたが、行く途中で、石屋さんがパッと目に入ったのです。

「そうだ、私は紫の勾玉を求めよと言われていたんだ」。そのことを思い出して店に入りました。いっぱいある石の中で、一つだけ紫の勾玉が光っていました。興奮気味に、「普段通らない道で、このお店に来たんです。じつは九州から帰ってきたばかりで」と、お店のお姉さんに、九州でのことをかいつまんでベラベラとしゃべり始めました（いえ、しゃべらされたのです）。すると、

「私のパートナーは、北斗七星の結界の場所を探し出して、この富士には表と裏、何かがあると言って、活動しているんです。何かあったら電話をください。うちのパートナーに会えば、たぶん九州の話も繋がると思います」と言うのです。

「宇宙番」霊媒巫女の知られざる裏神業　リラ星ライラ、玉依姫、饒速日、瀬織津姫 etc.
　　　　　──神々との交流秘録

（上）富士の頭上に輝く北斗七星（左下）祈りに使う紫の勾玉のネックレスをようやく手に入れる（右下）114P の南極老人に繋がるお社

108

その日に帰る予定でしたが、気になってその方に連絡すると、たまたま電話に出られました。お会いする場所に行くと、もう一人、なんだか謎めいた方が隣にいたんです。

この人、どこかで見たことがあると思いました。じつは私が天津金木を読まされていたときに、啓示として石笛を聴きながら読めと言われたことがありました。ユーチューブで石笛奏者を調べると、数人しか出てきませんでしたが、目の前の人は、そのうちのお一人でした（石笛は、石の姫の磐長姫にも繋がる）。

その方が、「僕は今日、諏訪に行くはずだったのに、なぜかわからないけどたまたま変更して、ここに来たんです」としゃべり出し、私もしゃべりかけようと思った瞬間、その人が「すみません。笛を吹かしてもらっていいですか」と言い出しました。

「やっぱりあなたは石笛の方ですか。じつは饒速日から石笛を聴きながら、ご神事の書を読むように言われて、それでユーチューブであなたの石笛を聴いていたんですよ。九州で北斗七星の結界漏れを直すご神事のあと、さらに続けて富士でご神事をやるように言われて……そのご神事の前に、少し休みにここにきていたんです」

すると、北斗七星の方が、

「あーっ！ 僕は昨日、『春の姫を、三角を探せ、それは春に関係がある』という啓示を受けて、そのことに関係する人たちが僕を訪ねてくると言ってきたんだ。それで昨日、（2023年）

「宇宙番」霊媒巫女の知られざる裏神業　リラ星ライラ、玉依姫、饒速日、瀬織津姫etc.
──神々との交流秘録

11月17日に大神事を行うと決めたんです。そのことを決めた次の日にあなたたちが来た。だから、もうぜひ来てください」と、堰を切ったように話しだしました。

「どんなことをやるんですか」と聞くと、春の大三角形がちょうど北極星と重なるのが17日で、天皇の大嘗祭にも関わり、大きな星の移動があるとのことです。そのときに、大神事を執り行わなければいけないそうで、白川神道の祭事で有名な人も訪ねてきたから、その人たちと一緒に執り行うと言うのです。

「春と言いましたか。私は春の姫（表の木花開耶姫と裏の磐長姫）を連れて戻ってきているのです。その春の姫を富士のどこに戻そうかなというタイミングで、この紫の石に呼ばれました。アマテラスの気を出すために聴いていた石笛との組み合わせが不思議すぎます」と話すと、そこには北斗七星が隠されているというのです。

　その北斗七星の方も2〜3年ほど前に膵臓を患って死にかけたそうで、その人の魂のルーツはケルトと言っていました。お母さんとお父さんはキリストの祭司をしていて、その人は音楽をやっていたけれど、体を壊して死ぬか生きるかになったときに、この世界に戻され、この山の麓に住まわされた。そこは杓子山というところで、私たちもキャンプで泊まっています。杓子といったら北斗七星の形です。

　2年ほど前、その人に「北極の王だ」と言ってギリシャ神話の北極星が降りてきたそうです。そして、「隠された場所を出

＊白川神道：平安時代より神祇伯を世襲した白川伯王家に伝来する神道の流派。伯家神道とも呼ばれる。

110

せ」という啓示を受けながら、仲間たちと一緒に山の道なき道を線で引いていくと、北斗七星の結界になった。その17日の大神事には、隠されていた8と9がポイントになるから、そこを開くという祭事をすることになるとのこと。

それに関わるのが瀬織津姫の神であり、そのポイントとなる場所は、富士山の湧き水が出ているところだそうです。みんなは表に祀られている大きいところに行きますが、じつはそこではなくて、ここがとても大事なポイントなのだと。そこは縄文の遺跡が発掘されている場所で、その北斗七星の方は数年前からそこに住まわされて、ずっとご神事の活動をやらされているとのことでした。

その数週間後に真鶴に行きました。前にも触れましたが、アマテルの末裔の子之神社の宮司も、富士の結界の話は全部そうですよというお話をしてくださいました。

真鶴では古代のペトログリフも発掘されています。関東大震災のときに崩れ落ちてしまって、それが海の中にありますが、潮が引いたときには海面に文字が出てくると聞かされました。突端に三ツ石という3つの石があって、神事をやっていた場所があります。福浦という地名の石切り場では、忌部氏族たちが石を切っていました。土地の神様のところに行くと、石工の先祖とか、サイノメなどが祀られていて神域を感じさせるのです。

＊子之神社（ねのじんじゃ）：神奈川県足柄下郡湯河原町福浦。主なご祭神は、子授け子育ての神の大己貴命＝大国主命、素戔嗚尊、饒速日尊、日本／倭建尊など。西暦700年、熊野大社の神職「穂積濃美麻呂（ほづみののみまろ）」が、師の役行者と共に陰陽の秘法をもって創祀したとされる。饒速日の祖先と伝わる神別氏族「穂積氏」により宮司が脈々と受け継がれている。

「宇宙番」霊媒巫女の知られざる裏神業　リラ星ライラ、玉依姫、饒速日、瀬織津姫etc.
──神々との交流秘録

富士のご神事で起きた神秘の現象
「世の事実は少しズレたところにあり」の
霊的な暗示

　忌部氏と卜部氏で、卜部は未来を予言して、忌部は罪汚れをきれいにすると言われています。みなさんけっこう占い好きですから、占いだけがピックアップされがちですが、それだけではなく、バランスが大事ということで祭祀をやってきました。

　さらに今、中臣氏とその血筋の藤原家、藤原4家（南家、北家、式家、京家）のもめごと、その後の藤原氏の隆盛の歴史の裏側について上から啓示が来ています。

　さらに、11月17日に富士でご神事をすることになっていましたが……しかし、そこの場所には、裏があったのです。私の十種神宝は祭祀が長いので、天より、「皆より先にそこへ行け」と言われました。

「わかりました。では、案内してもらえますか」と宇宙天にお願いすると、陰陽五行＊（木火土金水）の呪文とともに、その場所を言ってきました。

　私は宇宙天から言われた道を行きましたが、皆さんが言うご神事の場所からは一本道が違って、横に入ってしまったのです。その時点では、皆が言っていた祭祀の場所に着いたと思い込んで、ご神事のお祈りを始めました。すると、その場を起点にし

＊陰陽五行：中国の春秋戦国時代頃に発生した陰陽説と五行説が結合した思想。万物を生成する陰と陽の二気、万物生成の元になる木・火・土・金・水の五元素を合わせ、これらの要素の盛衰によって自然の変異や人事の吉凶を解釈したもの。古来より、中国では人々の生活に強い影響を及ぼした。

第一録 「神／己の真姿を見ざる」をひっくり返せ！

（上）富士のご神事。「争いはもうやめて　元はひとつでした　三つに　分かれてしまったものを　一つに戻して　と　瀬織津姫が泣いておられました」降りてきた啓示（中）富士のご神事のあとに月読みさんが現れた（下）鎮魂の神事で現れたピンクのトンボ

113

「宇宙番」霊媒巫女の知られざる裏神業　リラ星ライラ、玉依姫、饒速日、瀬織津姫 etc.
——神々との交流秘録

て杓子山から龍がウワーッと出てきたのです。教えられていた神ごとのポイントからは少しだけズレていたのでした。世に言われている事実は、少しズレたところに本当の真実が隠されているということを暗に見せられた感覚になりました。

そこでのご神事のときに、伊勢と伊勢の度会の歴史的な関係、伊勢と会津のほうにいる忌部のすべてが繋がりました。さらに（8の）蜂子皇子*、聖徳太子にも繋がっていったのです。

北極老人と南極老人が唱える長寿の話
生命の神秘にも真反対の隠喩が含まれる

鎌倉の山の裏に南斗六星が祀られているところがあります。江の島から鎌倉に向けて6、7、8のポイントと、極星の北斗7、8、9のポイントもあって、祀られている南斗六星で線を結ぶと、その南斗六星も小さい杓子になっているのです。

北極老人、南極老人という、北極星と南極星にも老人がいるとメッセージが来ています。北極老人は、人間の命のろうそくを持っていて、フッと吹けば一瞬で死ぬ。寿命をつかさどるのです。南極老人は、ちょっと優しい。二人はセットです。

昔の言い伝えでは、この二人が囲碁将棋をやっていて、ある人の娘が19歳で命がないと言われていたからどうしようと思っていたところ、とある霊能者が来て、

「南極老人と北極老人がここで囲碁をしているから、そこにお

*蜂子皇子：飛鳥時代、崇峻天皇の第三皇子。出羽三山の開祖。蘇我馬子により父・崇峻天皇が暗殺。馬子から逃れるべく聖徳太子の手助けで宮中を脱し丹後国由良から海を船で北へ。八人の乙女を見て現在の山形県鶴岡市由良海岸に上陸。八咫烏の導きで、羽黒権現、月山権現、湯殿山権現を次々と感得し創建。出羽三山は修験道による山岳信仰の場として知られる。

供え物を持って行きなさい。ただただ命を延ばしてくださいとお供え物を出しなさい」と言いました。

本当に囲碁将棋をしている人がいたので、その人はわけもわからず、そこにそっとお供え物を出したら、北極老人と南極老人は囲碁に夢中だから、それを勝手に食べながら囲碁をしていた。

「これは誰がお供えしたの」と北極老人が気づいて、南極老人が「この人だよ」と。「何で来たの」と聞いたら、その人は、「娘は19歳で、命が今年までだから、ここにお供え物を持ってきたらいいよと聞いたんです」

南極老人が「じゃあ、命を延ばしてあげなよ」

北極老人が「いいよ。19歳だったけど、それをひっくり返して91歳にするよ」。そんな伝承があるようです。南極老人は長寿なので、七福神の福禄寿で、鶴の姿をとっています。

鎌倉、湘南、富士、真鶴……大難を小難に替えるために、重要なポイント地であり、これらの地点を中心に、忌部、卜部、中臣による祭祀。北極老人、南極老人による生命の神秘と長寿。聖徳太子や蜂子皇子や空海による結界と祈禱と呪術、スサノオ・薬師如来のお導き……を目の前で見せられ、それぞれのバックアップを受けながら、大難を小難への繋ぎ替えに奔走しております。

また、饒速日の十種神宝も、死人を生き返らせる神宝と言われていますが、この秘法を人々が実践で扱えるように伝えたり

＊福禄寿（南極老人）

「宇宙番」霊媒巫女の知られざる裏神業　リラ星ライラ、玉依姫、饒速日、瀬織津姫etc.
──神々との交流秘録

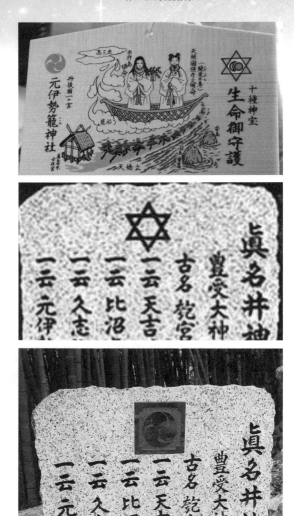

（上）丹後國一之宮元伊勢籠神社の守り札。十種神宝、生命御守護と記されており、カゴメ紋と三つ巴紋が描かれている（中、下）奥宮の眞名井神社の裏社紋はダビデの星と同じカゴメ紋から三つ巴紋に変わっている

第一録 「神／己の真姿を見ざる」をひっくり返せ！

という学びの会を、今必死になってやっているところです。
（＊北極老人《北斗七星》は死、南極老人《南斗六星》は生／長寿を司る存在として道教思想でも神格化されていますが、天球上、北と南の二極を分ける中心点にさそり座の心臓、一等星の赤いアンタレスがあると心得よというメッセージがインタビュー後に来ました。さそりは猛毒を持ちますが、日月神示に「悪を抱き参らせる」とあるように、悪＝毒の一厘をどう抱き参らせるか、それが南北／生死を分けるという暗示のようです。また南天の「龍骨座」は、船の骨組みを表した星座ですが、悪を抱き参らせれば、南天にあるそのノアの方舟で弥勒世へ行けるという意味も含むと来ています。龍骨は、チャクラの配置図にも関連し、チャクラの循環を良くして、眉間の３の目を開けることが重要ということです）

 ## 降りてきた「富士の噴火を鎮める啓示」は日月神示の御言葉とシンクロしている

　シュメールという言葉が、天から私の脳髄に響き渡り、日本の歴史を紐解く大事な内容であると聞いています。私の先祖の忌部を調べていくとシュメールにも繋がり、スメラミコトという言葉の響きに変幻したのです。
　ブルーエイビアン＊もそうです。ブルーエイビアンは地球を助けるための人たちですが、これからの地球への警告について、

＊ブルーエイビアン：青い鳥型の宇宙人。第６密度に存在しているとされる。約25億年前に太陽系で文明を築いていたと言われる。

「宇宙番」霊媒巫女の知られざる裏神業　リラ星ライラ、玉依姫、饒速日、瀬織津姫etc.
──神々との交流秘録

本当に怖いメッセージを伝えてきました。

「その答え、証拠を見せて」といったら、青い光を放ったブルーエイビアンが出てきたのです。このままでは世界の人口は3分の1しか残らない……。それは日月神示[*]にも書いてあることのようです。

「でも、その大難を小難にもできるよ。そのことを世に伝えろ」ということで、今回ご神事の内容を公開することに、宇宙天もOKを出してくれたのです。

　ノロ婆たちも「やることはやるけれども、私たちにできることは限られているかもしれない。でも、本当に急がないと間に合わない」とも言っています。

──（以下棒線、書記編集）　日月神示には、「死んでから生き返られるように死んでくだされよ」とも記されてあります。これは、死ぬこと自体は悪いことではなく（そこにフォーカスするのではなく）、未来に向けて種を蒔くように、種を残して次に繋いで死んで、また生まれかわってくれよと書いてあるようにも受け取れます。ノアの方舟のように、かつて人類が困難に直面して何度消えかかっても、生命の種は次に繋げよというメッセージであるようにも思えます。

　私には、ノアの方舟という言葉が以前よりずっと降ろされてきていて、人類滅亡の一歩手前、天はノアのときと同じ世界を

＊日月神示：神典研究家で画家の岡本天明が、「国常立尊」（国之常立大神）からの神示を自動書記によって記述した書。昭和19年から27年（昭和23、26年無し）、昭和33、34年に補巻の1巻、その2年後に八巻の神示が降りたとされる。

つくらせないということで、今ふるいにかけています。前でも触れた「目」についての祭祀で降りてきたのは、全部包み隠さず人間の行いを見ているぞ、という警告とふるいにかけることを言っているのです。

　誰の中にも陰陽があります。そのバランスを整えることで大難を小難にできるのです。

　三十二氏族たち、神の仲間たちの生まれ変わりが、あらゆる才能を使ってよく相談しながら、作戦を練って、「世の救いのために動きなさい」。先代旧事本紀の黙示録に書かれています。

　それを空海が「一言一句間違えるな。だから、おまえにこの役割をやらせている」と言ったので、間違ったらダメだからピリピリしながら、ノロ婆たちと、毎日繋ぎの場所を探しながらご神事をやっております。

――　一人ひとりの意識が変わると、集合意識も変わり始めて、大難も小難に移行するのではないでしょうか。

　日本人はとくに争いごとが好きではありません。しかし、表向きの平和だけに目を向けるだけで、そこに依存していては、大きな支配操作によるカラクリは見えてきません。時には、真実に向き合い、俯瞰して見抜いていく力が今すごく大事なのです。

　たとえば、光だけでなくて、コロナという闇が出てくるのは

119

なぜか、そこでどう自分は陰陽のバランスを取るのか……人間の魂の成長は、先の日月神示が記されている「体が死んでも生き返るように死ぬ」。それは、どのような状況でも、「真実を見抜く力を持って心して生きよ」。その覚悟を宇宙天は私たちに迫っているように感じます。

――　日月神示は、神一厘の仕組みで最後でグレンとひっくり返すと言っていますが、その一厘が何か、まだ誰も突き詰めた人はいません。ただ「悪の中に隠してある」とはっきり書いてあります。なので、善悪抱きまいらせて進むことが神の道であり、「悪の中に一厘が入っている」。悪も必要なのだと説いています。

　繋ぎのご神事をしていくと、そのとき、「〇にチョンだぞ」と言って、ポイントがパッと〇に開かれてチョンが表れます。そこに一厘の場所が隠されているようです。

――　日月神示の神様は、〇にチョン（⊙）です。

　今ご神事で、一厘の場所をパッと表に出して、次々と繋いできているのです。
　北斗七星の7と8と9、巡らされた神社仏閣のポイントはすべて、表に開いて繋ぐと、そこの大事な一厘の場所が、〇チョ

ンに祀られています。

　私は、そのポイントを線で引いて全体のグランドデザインを描きながら、グレンとひっくり返すことはできません。宇宙天から言われるままに、とくに緊急を要するポイントのフタを開けてメンテナンスに行かされる。前でも触れましたが、エネルギー漏れや一大事になりかねない場所を突いて、指示を言ってくるのです。

　今、九州の桜島のポイントをパッと開くように啓示を受けてご神事をやっていますが、桜島と富士山は繋がっているのです。これは、噴火です。「マントルを鎮めよ」というのがずっと来ていて、私は「富士山が噴火しないようにしましょう」と言いながらやっております。

　私たちが神事をすることで、子之神と言われる元の宇宙の存在神（宇宙天）が、次にここに行きなさいと、結界が緩んでいるところを言ってきて、そこを締めに行く、開いて繋いで治すのです。

切迫した現況とかけ離れた世の中の空気感
一挙に足をすくわれぬための裏ご神事を続行中

　私が宇宙天に言われているのは、大難を小難にする武器があって、私の玉と、ノロ婆の鍵と、主人の羅針盤（鏡）と、もう一つの剣を整えている方々と、書記が来て、それらがそろうと、

ドラゴンボールのように巨大な龍が出てきて、願いをかなえる、小難になっていくというものがあります。

　私たちは、ただそれをやるしかありませんが、しかし、日常とのバランスが偏ってしまっては大変なので、現実とこっちを行き来しながらやっているのです。

──　（日月神示には）なりわいは大事にしろと書いてあります。

　先祖の供養も全部繋がってきますから、ご先祖様たちも動き出してくれているのです。

　私たちもこういうご神事を知らなかったので、修行させてもらうことで、先代たちが繋いできてくれたこと、裏で祈禱してくれていたことに気づいて、反省する部分もたくさんあります。

　私たちが必死にやっても、今まさに、ほかの皆さんも感じ取って少しでも行動に移していただかないと状況は悪化していくばかりです。高橋呑舟先生も同じようなことをおっしゃられていたように聞いております。これは、宗教とかそういうことではありません。

　本当に祈りには力があって、神様だけではなくて、ご先祖様（仏様）も大事な入口だから、神と仏が分けられたのかなと思います。縄文の人たちに争いがなかったというのも、縄文の祭祀の場所の周りにはお墓があって、普通に村をつくっていました。現代の人はそういう世界からかけ離されているのですが、

第一録　「神／己の真姿を見ざる」をひっくり返せ！

最近、自然と暮らしと神仏のバランス関係を伝えてくれる人が
ようやく出始めてきて、喜ばしいことと感じています。

　ノロ婆と私たちがやっているご神事を見てもらうと、本当に
不思議なことが起きていることをわかってもらえるかと思います。
　リアルなロールプレイングゲーム（RPG）のごとく、宇宙
天から降りてきた啓示のとおりに、順番にそのポイントに行っ
て次々とクリアしていきますが、次にどこのポイントへ行くか
は、私たちにもわかりません。一つステージを進むと、次がボ
ンと啓示として降りてくるので、もし一緒にいてもらうと、こ
ういうことなのかとリアルにわかってもらえます。

──　実際にご神事で動いていることと、世の中の切迫した状
況があまりに違っていませんか……。

　温度差がすごいです。

──　そういう温度差のギャップを埋めていくようなことにな
れば……。（本書で）読んでいる人が、これは絵空事ではなく、
実際に裏で、こういうふうに動いている方が実際にいる。それ
が同時進行でわかりますね。現実の世界とあまりに乖離してい
る事実があることに気づいていただければ……。

123

「宇宙番」霊媒巫女の知られざる裏神業　リラ星ライラ、玉依姫、饒速日、瀬織津姫 etc.
——神々との交流秘録

本当に「すずめの戸締まり」のすずめちゃんみたいな感じで、みんな何でわからないのと、普通の人たちが生きているのが逆にうらやましいぐらいです。

―― 日本は、戦争が始まっても地方の家は、のんびり普通に暮らしていた人もいたそうです。爆弾が落とされて初めて、あっと気づく……。

でも、爆弾を使用しないのが今回の戦争のやり方ですね。さも寿命のようにカタッと死んでいく……。

―― 鉄砲玉は来ませんが、ほかのことで死んでいます。ワクチンによる超過死亡も言われています。

　人間をロボット化しているのです。人間こそがガン細胞だから、支配者はピピッと操作して言うことを聞かせるという人体実験をしています。

―― その先は『宇宙人ユミットからの手紙*』の世界ですね。全部繋がって、ネットワークを操作する人が神様と考えれば、神様のコントロールに人間は直結してしまいます。しかし、支配とかコントロールされない本来の姿が人の魂なので、そこに行き着くには、支配者たちに相当やらせておいて、前でも触れ

＊宇宙人ユミットの本の概要：宇宙人はすでに地球に住み、45年以上6000通に及ぶメッセージを送り続けている。現代科学を遥かに超越したテクノロジー、宇宙の仕組み、人間の魂の構造など、驚くべき超科学の全貌をフランス・トップの科学研究機関、国立科学研究庁（CNRS）の宇宙物理学者ジャンピエール・プチ氏が詳細に数多の手紙を調査・分析してまとめた書。

たように、最後にグレンとひっくり返す、一厘で変える『日月神示』ではないでしょうか。

　皆でグレンとひっくり返そうと行動したら、パッとミロクの世に行くかもしれません。ただ、いつまでも、フワフワ無意識でやっていたら、さっと一挙に足をすくわれてしまいますね。

　そうした浮ついた意識への忠告を宇宙天は言ってくるのです。スピリチュアルな方たちの中にも、いいように利用され、乗っ取られているということをすごく言ってきております。ノロ婆や私たちは裏で本当のご神事のことをやっていますから、あの人はニセモノだねというのも、わかってしまいます。

―― スピリチュアル・マテリアリズム（精神の物質主義）の人がたくさんいるかもしれませんね。

　精神世界を扱う方は、家庭が崩壊しておかしなことになっている人も多いですし、調べていくと、性的な事柄も絡んでコントロールされているケースもあります。
　私たちがやってもやっても切りがないという言葉の裏には、精神世界の人たちの問題も大いに関係があるのです。しかし、ノロ婆たちが言うには、それも全部ばっさりやられるとのことです。
　能力を使える人ほど、人の道から外れてはいけないというこ

＊『宇宙人ユミットからの手紙』ジャン＝ピエール・プチ著

「宇宙番」霊媒巫女の知られざる裏神業　リラ星ライラ、玉依姫、饒速日、瀬織津姫etc.
——神々との交流秘録

となので、普通の人たちよりも罰がきついのです。霊的なものを使える人たちは、黒魔術とか白魔術があるように、憑依されて、よい事と思い込んでやってしまう。しかし、その行為も暴露されて、すべてひっくり返ると言っております。

だからこそ、宇宙天も慎重に、暗号のように一つずつ啓示を降ろしてくるのだと思うのです。突然、「行け、Go！」とか。宇宙天、スサノオの種族たちが伝えてきて、そこから信号がノロ婆と私たちに降りてくる。リラから、玉依姫、龍蛇族という存在からも指示を受けていますので、金龍や龍蛇族も、これから表に復活して動いていきます。

── ワイタハ族の長老*も、「私たちは銀龍で、あなたたちが金龍です」と言っています。
　日本人の金龍の目覚めをいかに現実のものとしていくか、ですね。

まさに、その私たちの内に眠る金龍を一刻も早く目覚めさせなければなりません。そのために、裏のご神事で光の柱を立てて繋いできたのです。

『銀龍（ワイタハ）から金龍（ヤマト）へ』
テポロハウ ルカ テコラコ著

＊ワイタハ族の長老：ニュージーランドの先住民。テポロハウ長老は「ワイタハ族は銀龍であり、金龍である日本の弟分である」とメッセージを伝えている。世界の代表である天皇家に強い崇敬の念を示す。龍が地球のバランスを保ち、地球・宇宙の崩壊を防いでいると説く。

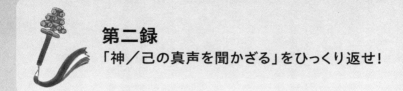

第二録
「神／己の真声を聞かざる」をひっくり返せ!

大難を小難に替える力を
一人ひとりが
どう積み上げていくか
沖縄ノロ婆から届いた
緊急のメッセージ

本録は、2024年５月11日、沖縄県のノロ婆の祭祀場にてノロ婆、
著者、リョウ氏にインタビューしたものを執筆編集してまとめた
ものです。

第二録 「神／己の真声を聞かざる」をひっくり返せ！

 ご神事をやる者たちの相談も引き受ける
神様の道を通すノロの知られざる裏世界

ノロ婆　私のところには、（神様ごとをやるお務めがあるにもかかわらず）神様へ行く道を開けられない人が相談に来ることもある。神の道、仏の道、先祖の道をけっきょく開けられず、いろんな先生に会ったけれども、やっぱり無理だったので、なんとかお願いできないかとここに来る人が多い。

　私たちがやる神様ごとの世界では、すべてを100％できる人はいない。だから、「ここからここまでは、できる人が担当」というように、それぞれ役割の違った者も出てくる。ここまでやったけれども、もうちょっとできる人たちをここに足すということで、神様に行く道（ご神事）を通していく。これからとくに神様ごとに関わる人たちは、どれだけ助け合って、信頼し合って、そういうふうに繋がって通していけるかということになる。

　沖縄は神様どころ。「自分はヌール（ノロ）とかカミンチュ＊」とかいう人がいるけれど、どこまで本当の者なのか……。ちょっと聞こえたり、見えたり、感じたりするからと自称している人も多い。でも、先に触れたように、100％ではない。やっぱり足らないものがある。

　それを私のところに来て、できる人は何が足りないのかを答

＊ヌール、カミンチュ：共に神職者、祭司を言う。ヌールはノロ、カミンチュは神人の意。

え合わせ、神合わせをしていきます。その神合わせができない
人は、家に帰って、自分で神様に向き合ってよく考えてみなさ
いと伝える。

　私のところに人生の相談に来る人もいますが、
「最終的に判断するのは、けっきょくあなたなのですよ」。相
手に委ねるなと言っているのです。人間は相談したら、どこか
であなたがそう言ったでしょうとなる、責任を転嫁する。それ
では私たちは、幾ら体があっても足りません。
　多くの人が相談に来ますし、悩み事も聞きます。一緒に拝み
もします。
「でも、最終的に決めるのはあなた自身なのですよ」
　私は、はっきり聞きます。ご神事を務める人にも、
「今、（ご神事を務めるのを）降りますか。疑いを持っている
のであれば、今すぐに、降りてもいいんですよ。そのことは自
分が決めることだ。神が決めることではない」

　あまりにあくどいことをしている人は、人生の大事なものを
取り上げられます。よい出来事も、永遠のものではございませ
ん。私たちも、神様から（啓示が）来ていて、突然聞こえなく
なることもあります。そのときは何もわからなくなる。
「あれっ、私、今まで聞こえていたのが、何で（神様から）電
波が来ないの……」。それは神様が怒っているということ。だ

から、そのことを肝に銘じながら謙虚にやらないといけない、大変な行いなんです。

（見えない存在たちで）すごいものが来ることもあって、生きるか死ぬかのときもあります。だけど、こういうことをしているから、周りに喚いて訴えるわけにもいかない。

自分自身が何かをストレスに感じて、自分を見失う状態になる人もいます。これが沖縄で言うカンダーリ*（神障り）です。人には見えないけれど、障害を起こす電波みたいなものが飛んでくる。そのときは、そばにいる家族がわかってあげないと、本当に命を落とす場合もある。これは本当に注意しないといけない。

内地の人は、まず病院の精神科に連れていくでしょう。沖縄では、そうなった状態のときには、神様に聞く、医者に行く、半々ぐらいかもしれません。

私たちも、こんな状態になった人には「病院に行って、医師の判断も仰いできてください」と伝えます。病院の話も聞きながら、また私も判断の力添えをして、解決する方向を一緒に探っていきます。

急にパッとやると急変することもあるから、人に応じて、少しずつ開いて、わかってもらえるように前に進んでいくようにという形をとっています。命にかかわるような人も出てきますからね。自分が自分でなくなるから、すぐ火の中に入ったり、水の中に入ろうとしたり、命を落とそうとするんですよ。自分

＊カンダーリ：カミダーリ。神がかりの状態で、心身に異常をきたす状態や症状になること。

131

の意思ではないんです。お家にいてごはんをつくっていても、そういう状態になったら突然海に向かう人もいる。

　こんな状態が何カ月、何年、何十年と続いている人もいます。解決を探って、軽くなったり、また重くなったり、これの繰り返しの人もいます。

　その人にとって、やるべきことがわかったときには、落ちついて、神様に向かって安定的に軸がブレないようにできていく人もいます。

　その人に合った判断、言葉、言霊の教え方をしないといけない。もし強く言って、この人が「私はもうダメなんだ」と、それが引き金となって命を落とされたら、私のせいでなくても、神に仕える身だから。そういったところはとても神経を使います。

——（棒線、以下書記編集）大変なお役割ですね。

ノロ婆　できたら、普通に（このお役割を）降りたいですよ。

小学校低学年から神霊現象は始まっていた
神様ごとの世界に選ばれし者の返事は、
イエスしかない

ノロ婆　小学校１、２年のときには、化け物とも物の怪とも言

えないような、得体のしれないものが入ってくるのが見えたり
していた。学校に行こうとして道を歩いていると、突然足が一
歩も出なくなって大騒ぎになったことも……。

　母は神ごとをする人で、「神様につかまえられた」と言って
いました。そんな不思議な体験がいろいろとあっても、私は高
校生まで、母のようなことをする人ではないと思って生きてい
ました。

　高校生になったあるとき、戸も閉めているのに戸の外から
「アーッ」という声と一緒に白い手が出てきた。私たちが住ん
でいた家の路地の奥に、カミンチュの家があって、たまたまそ
の人に話をすると、
「おまえ、ここの近くの○○神社に参拝したか」と言われたん
です。
「やってない」と言うと、
「おまえは挨拶しないといけないと言われているんだよ」
　その神社に拝みにいってお賽銭を置いたら、それから出てこ
なくなった。
　その頃から、見えない世界のかかわりが以前よりもどんどん
増えてきて、激しい頭痛や、全身が痙攣する金縛りのような状
態に悩まされた。
　あとは、「勘」でこうなるだろうなと思ったことが、そのと
おりになるということが多々あった。

母もそういうことをしていたから、あまり現実的に考えたくないというか、普通でいたいし、そこに心を持っていきたくない……正直言って、そういう気持ちがあったと思います。

だから、わからせるために、そういう現象を（神様は）私に見せたのかなと思った。

今の自分と若い頃の自分は違います。あの頃は半信半疑で、母たちがやっていたことを信じていないわけじゃないけど、「自分がやる」ということは、とてもじゃないけど考えつかないという状況だった。

その後、自分で受け入れるか、受け入れないかという状況にどんどんなっていく……。でも、やっぱり葛藤がありました。若いし、普通の自分でいたいという心が強かったんでしょうね。これを認めて、目覚めたとしたら、もう死ぬまで神様に仕えないといけないんです。そんな自信、あるわけないじゃないですか。「私は人以上にやります」と請願してやる人はいないと思います。

でも、この（神様ごとの）世界にはイエスしかない。ノーはないんです。地球の裏側に行っても逃げられない。電波は来ますから、戻ってこないといけないんです。

結婚して本土に移り住むが……
沖縄の祖神様に引き戻されることに

第二録　「神／己の真声を聞かざる」をひっくり返せ！

ノロ婆　私は本土の人と一緒になり向こうに住みました。でも、けっきょく生まれ故郷に戻って、ノロを継がないといけなくなった。そこから、（今のご神事のお務めが）始まるんです。

　内地でも、観音様、アマテラス様、もろもろの神社に行っているけれども、生まれた土地に戻ってこないといけなかった。ここが祖神様なんです。私は沖縄で生まれて、沖縄で育ったけれども、ヤマトの人と一緒になってヤマトに行ったから、「向こうにいて、やりますよ」。そう言っても、それではダメだと祖神様に言われたんです。

　そして、私が「沖縄に行く、行かない」とやっていたとき、原因不明の病で倒れました。高熱が出て、私が私でないという感じに陥って、病院に行かされたんです。私が「神様、わかりました。では、行かせてもらいます」と素直に言えばよかったけれども、「内地でやりたい」とごねたからでした。

　悲しいことに、自分の希望は通らない。ここにいて（諸々の力を）発揮する神様だからこそ、私の身がこの地にいないとダメなんだ、私の勝手でそうはいかないよということを示されたんです。

「私は死ぬかもしれないよ。病院に行っても原因不明と言われて治らない。どうしたものか」と、母に相談した。もう手だてがないんです。３カ所、違う病院に行ったけれども、原因不明で薬も出ない。神様が沖縄行きを言っているのに、私はイヤだと我を張ったためにこうなった、がんじがらめになったんだな

135

と思って反省し始めた。

　母が、「切符を買って帰るからと神様にお伝えして、すぐに謝りなさい」と言ってきた。その後、神様にその拝みをして病院に行くと、原因不明だった病名が、とたんに判明しました。

　それまで、発作がいつ起こるかわからないからと飛行機は、ドクターストップがかかっていたけれども、病気の原因もわかったので、すぐに切符を買いに行きました。

「病気を治してくれたら、私は必ず沖縄に帰ります」という神様との約束をしたからです。

「沖縄に帰って、ちゃんとやります。申しわけなかったです。私が悪かったです。沖縄に行く切符も買いました。必ず約束どおりにいたします。どうか治してください」と願ったら、病の症状もすぐに消えた。以後、もうこの病気になったことは一回もないです。そのかわり、それから無我夢中で、(神様ごとのお務めを) やりました。

　これは神仕組みだったのでしょう、そのときはわからなかったけれども、ここへ戻ってきたらピタッと治って元気になったから、あらためてそういうことだったのだと感じています。

 Layra夫婦との必然の出会い
ご神事をやる者も自由を尊重する生き方であれ

ノロ婆　ここへ来て1年後に、Layraとリョウ君 (Layraさ

んのご主人）がふらっとやってきて初めて会った。神奈川から
来て、私たちもこういうことをやっていますと……。

Layra　そのとき、急に宇宙天からの声が聞こえて沖縄に行か
なければと思い立ちました。神様に「どこに行ったらいいです
か」と聞くと、ノロ婆のいるこの地名の名前を告げられて、調
べながらクルマでたどり着いたのです。神様が言ってきたのだ
から、何のことかわからないけれど、とにかく行けば何かわか
るだろうと……［第一録参照］。

リョウ　私がクルマを降りて歩いていくと、庭で大音量の音楽
を流してる人がいるなと思って見たら、ノロ婆がそこでツムツ
ム（ゲーム）をしていた（笑）。それで、思わず声をかけてみ
たんです。

ノロ婆　私は、ツムツムが大好き。神様ごとをやっているけれ
ど、やっぱり、ツムツムやったりして気持ちを切り替えないと
ね、本当にやっていられない。現実の自分も持っておかないと。
神様ごとの世界ばかりでいたら、どんどんそれだけが、おおい
かぶさってきてしまうものなんです。
　私はがむしゃらに神様ごと、先祖ごとをやっていても、自分
は自分、現実の自分があるんだというのも通したいんですよ。
楽しみもないとやれません。命を削っているようなものですか

ら、私はずーっとこればっかりやって逝っちゃうんだねという
感じにはなりたくない。それぐらいあってもいいんじゃないで
すか。人に迷惑をかけているわけじゃないんだから。

Layra　主人は物おじしないキャラクターなんで、「何してる
んですか」といきなり親しげにしゃべりかけていました。

ノロ婆　ギャップがあってもいいんじゃないですか。やっぱり
人の個性なんだから。それをどうやこうや言われる筋合いはな
いです。言われたら、私は逆に「何が悪いんですか。私たちも
現実があるんです」と言いますよ。

　朝から寝るまで、このまま（神様ごとだけ）ではない。やる
べきことをきちっとやって、みんなを救う役目はやっているん
だから、いいじゃないですか。

　そこの切りかえができないカタブツが多い。こうでなくちゃ
いけないと。私は、そうは思いません。会った人が、「あれー、
もっとあれかな（厳かにご神事をやる方）と思った」と言うけ
ど、そうじゃないんです。やっぱり人間は、「あなたはこうね」
と言われても、やれんものもありますよ。そのかわり、「（啓示
が）来たときは変わりなさい」と言ってあげるんです。ツムツ
ムもやっていいよ、音楽を鳴らして踊ってもいいよ。

　音楽も激しい洋楽ですから、静かな音じゃない。自分も今か
らやるぞ、これを聞いたら自分は頑張れるというスイッチが入

る音楽があるんです。朝起きたら、必ず音楽は聴きます。音を聞いて自分を奮い立たせるという部分もあります。だから、人と変わっていると思います。頭は正常だけどね（笑）。

「やれ、やれ！　踊っていいよ」と、自分の気持ちがそういうふうにウキウキとなっているときは、それでいいんですよ。踊りたければ、踊りなさい。

　ほかのノロの方は、どういう指導をなさっているのかわからないんだけど、自由があってもいいんですよ。ただ、やるときはちゃんときっちりしなさいよ。「順番を間違えるな」ということです。

　Layra もそうだよね。怒るときはドワーッと怒りますね。そしてときには、鬼にもなりますよ（笑）。ちゃんとやらなければいけないときにフラフラしているような感じだったら、喝を入れます。やるべきことはきっちりしてね。人のためじゃない、自分のためだから。

　そして次は、**世の中のために一つでも祈りなさいよ。自分たちのことだけ祈るんじゃないよ。ともにみんなが幸せになれるような道をという形で、最後には自分たちの祈りで神様に感謝を申し上げるんだよ、と言います。**

　今この場で、神様も喜んでいますよ。よく来たねと言っています。もし、聞こえたり感じたりしない人は、線香を見なさい。

音を聞きなさい。自然の鳥を見なさい。蝶々を見なさいと言うんです。

「いつも１匹だったのが、きょうは２匹いる。離れ離れになっていた夫婦が一つになれて喜んでいるんだね」と解釈するとか。そう言ったら、ほらほら……（蝶が、つがいで飛んでくる）。

Layra　来たー、すごい。ノロ婆は、（精霊の神様がついていて）虫の使い手でもあるんですよ。

ノロ婆　精霊の神様が来ていますね。今言ったら、来たでしょう。（話を聞いて、精霊の神様は）現実に物事を動かすんですよ。

Layra　本当に虫に精霊が入っている……。

ノロ婆　プラスのエネルギーを出している人には、精霊が来るんですよ。マイナスを出している人からは、みんな離れていくんです。だから、ふだん皆さんにも、プラスをうんと出してくださいと。それは誰にもできることなんです。今、蝶々がこっちに寄ってきたでしょう。リョウ君も、いい心を持っているということなんです。

リョウ　ありがとうございます。

ノロ婆 だって、そうでしょう。人間はピーチクパーチクしゃべるけど、動物たちはものを言えないんだよ。感ずることしかできない。だから、(ここちよいものを感じて)寄ってくるんです。サルにも目で聞かせるんだよ、そうすると寄って来る。

リョウ サルはやめてほしい。怖いわ。

 **春にトンボが大量出現「前に進め！」の啓示
祈りの電波で人を動かす者たちの見えざる闘い**

ノロ婆 日光の「見ざる言わざる聞かざる」。私が「日光に行ってきましたよ」と言ったら、ある能力者の人が、「私の夢に、あなたが隊長で、日光のサル軍団のようにサルの群れが後に付いていた。サルの軍団も従わすんだから、あなた、すごい人ね」と言った。
「それはただの夢でしょう」と言うと、「違う違う。あれは意味があるよ」と。「サル」といったら「判断する」(見極めて結論を出す)ことが得意だから。あなたが判断をしたからサルがみんな集まって後ろを歩いている。判断、判断、判断と言いながら……それで、最終的には、「こうしなさい」とあなたがまた決断を下すという立場。それに、これはお客さんが集まる前触れでもあると……。

（突然、上空に大きな飛行機３機が爆音とともに現れる）

Layra　けっこう（爆音が）すごい。

ノロ婆　（今までで、こんなふうに飛んでくるのは）初めてかもよ。

リョウ　サル３匹で、大きな飛行機が３機。

――「見ざる言わざる聞かざる」で、今のここでの話を（爆音で）聞こえないようにしたかのようです……。

ノロ婆　（これから）戦争に行くかのようだ……訓練でもこんな風に飛んだことはないよ。これは内地に向かって飛んでいるよ、すごい（音消しのタイミング）ね。あっちも（われわれの話を消す）判断をしてここを通ったのかも（笑）。
　信じがたいことだけど、いま飛んでいたようなパイロットも、あと船長や舵取りする人も電波をキャッチして動かされることがある。この人たちはここに行くところだけど、急に行くところが変わったとか……私たちも祈り（の電波）を使って人を動かしたりするけれどもね。きのうも、あったでしょう。

Layra　そうです。じつは沖縄での取材のお話も急だなと思っ

たんですけど、ノロ婆に「（書記の方に）来るようにお伝えしなさい」とトンボがお知らせしてきてくださったんですよね。赤トンボがこの時期なのに大量に出てきて……。

ノロ婆　この場所ですよ。だから、きょう来たら、この庭でやりましょう。ここは龍神様が降りてくる木があるんですよ。だから、ここがいいなと思って。

　ここに引っ張られたのは、リョウがミ（巳）を持っているから。ここの木は、タツとミの神様がいらっしゃるんです。Layra は神事をするほうだけど、リョウは、「俺は関係ないよ」女房に付いてきているだけで、半々だよみたいな感じだけれどもね。

リョウ　半々どころか、９割９分ですよ。

ノロ婆　でもね、あなた自体も来ることによって、やっぱり何かが変わっているんですよ。マイナスじゃないからね。プラスなんだよ。それはわかるでしょう。

リョウ　はい。

ノロ婆　その恩恵を受けているはずだよ。大変なこともあるかもわからないけど、世の中が大変なときに、あなたは守られたはず。

リョウ　本当に。だってコロナのとき、お店が忙しくなったもの。うちは、逆に売り上げが上がったんですよ。

ノロ婆　神様がそうおっしゃっているよ。リョウができる思いを持ってサポートして、ダブルでやっているから、やっぱり神様もそれを見ていらっしゃる。この場所は、神様とのタイミングでもばっちりです。ここはミとタツの神様がいるから、「どんどん応援する。こうだよ、ああだよと指導してあげる」と。そう、おっしゃっている。

Layra　本当にタイミングがピッタシなので。きのうの拝み（昨日、沖縄某所でご神事を行った）で、私たち、何か残さなきゃダメだなと思っていた。トンボが来て、「何か伝えろ、伝えろ」と言ってきているときに、
「ノロ婆、伝えたほうがいいんじゃないですか。大難を小難にすることが早くなると神様も言ったから、お呼びしたほうがいいんじゃないですか、書記の方（出版社の執筆編集）はそういうお役割なんじゃないですかね」と言った。そうしたら、トンボは前に進めというメッセージなので。

――　トンボは後ろには行かない。（勝ち虫、不退転の虫で）前に進むのみです。

ノロ婆 タイミングだ。トンボは秋なのに、この５月の季節に、１匹でなくここに一面だよ。これは珍しいね、何だろうな……すごい現象を見ていました。

　Layraが、(本を出したりして)大変なことになる。確率50％でどっちかだから、いいことで大変になるならいいけど、悪いことで大変になったら……。

　でも、前に進むしかない、覚悟を決めてやるしかないなとやっていたら、(天界・神界からとのやりとりで)前兆を見せます、生き物を動かしますということになった。私には精霊の神様がついていますから。虫を動かすんです。人も動かすし、機械も動かすけどね。

大難は、悪い血を新しい血に入れ替えるため?!だからこそ何時も神様への敬意と謙虚さを忘れるな

Layra 書記さんも忙しいから無理だろうなと思ったら、ピッタリ、きのう拝みが終わって、きょうしか空いていないということでスムーズに事が進みました。

ノロ婆 それをもたらしたのも、我々の中のそれかと思ったら、またそれだけじゃなくて、沖縄と日本国、世界にとって救われ

る何かがあるからこそ、この話の場に繋がっているのかなと思っています。やっぱり救われてほしいし。救われる者だけ救えるといっても、金持ちだけというわけじゃないんです。

Layra　だから、きのう啓示で、神様が人々に平等に伝えていけるように宝珠を授けると言われて、ノロ婆が、「オレンジが見えるよ。何か珠が出てきたよ」と言って、その珠をそれぞれに渡したんです。

ノロ婆　今回の神様どころを回ったら、珠を見せたからね。ブルーも見せたし、グリーンも見せたし、紅白も見せたし、オレンジも見た。この珠は世界平和、天変地異を抑える珠だと思います。

　大難、中難、小難は免れないと神様が言っています。ただ、それは再生、きれいにするための掃除の意味もあれば、悪がはびこってはダメだから、これからの世界、これからの世の中、正しい血を持っていかないといけないという感じかなと思われるところもある。**悪い血は排出して、新しいきれいな血に入れ替えるためのリセットかなと思うところもあるんです。**

　でも、私の神様はそう言っても、この人の神様は、こっちの神様は別のことを言っているかもわからないから、これが100％ですよとは言いません。今は、そういうところもあるんでしょうねという感じで言っています。そうなりますとやたら言っ

て、人をパニックに陥れたら大変だから。

「あなたが言ったでしょう」と、非難を買うときもあります。私たちもこれからやらないといけないことがあるから、人に伝えるときには、注意が必要です。常に半々と私はずっと言っています。

——　不安とか恐れを抱かせたら全然違う意識になってしまいますから、それは避けないといけないと思います。

ノロ婆　パニックはやっぱりいけないからね。ただでさえ神経で心が鬱になる人もいる。考える人は考えますから、ただ本に書いているだけでは済まないところが大変なんですよ。

——　人の意識を高めるには、微細な調整というか、伝え方に本当に気をつけて扱わないと、いきなり違うほうに暴走したり、戦争になったり。人間は一度、変なほうに行くと一挙に爆発して、群衆心理が膨らむと怖いことになりますね。

ノロ婆　これが一番怖いことですから、私たちとしてもやっぱり心配な点。ベラベラしゃべっている人もいますけど、私はケイタイとか、自分のインスタとか、そういったのに載せないのです。もっと広まるのにと言われるけれども、広まらんでいいとさえ言っている。必要な人がいればここに来ればいいと私は

言っています。その人たちが知り合いもやっぱり救われてほしいと思ったら、自分の感覚で伝えたらいい。

　ただ、これから先の世の中は、注意は必要だよ。ちゃんと落ち着いて行動ができるようにしてください。たとえ何があっても、自分が責任を持って家族なり何なりを守るという意識は持っていてください。

　何が大事ですか。あなたは何のために神様をしているんですか。何のために信じるんですか。私は世の中の人にそれを強く言いたい。中途半端にするぐらいだったら、やたら神様ごとをしないほうがいい。さわらぬ神にたたりなしということもある。

　神様を一度怒らせたら、いつ鎮まるかわからない。神様はそれぐらいすごいんですよ。私たちは恐れています。人間ごときが神様にはかなわない。

　勘違いして、自分が神様になって語っている人もいっぱいおります。そうじゃない。この世の中を、どううまく生きていけるか。自然を大事にして、神様を継続してどう大事に守るかが必要なことじゃないかなと思います。いろいろなところを回っていったら、かわいそうだな、もっとちゃんとしたらいいのにと思うところもあるから、とりあえず掃除をします。

──　謙虚であれということですね。

ノロ婆 そうです。静かに寝ていたいのに、人がガサガサいっぱい来たら、うるさくて寝られないよと思う神様もいるんですよ。人間と一緒。人がワサワサ来たら、ちょっとうっとうしいなと思う人間もいるじゃないですか。神様にも性格があるんです。みんなおとなしくて、いいよいいよ、いらっしゃいと言う神様だけではないんです。荒ぶる神もいる。

その性格を重んじて行動してほしいんですよ。（礼儀もわきまえず）ワサワサ押しかけて来たら、神様もびっくりだよ。この人間は何を考えているのかなって。

散らかすだけ散らかしていく人もいるし、基本がなっていない人もいっぱいいます。何のためにこの人たちは神様どころに来るのかなと……。神域を散らかしすぎて、私たちさえも入れないところがあるんですよ。見ていないから、観光客か内地の人か沖縄の人かわかりませんが……。

私たちが（以前は）上まで上れたのが、（荒れてしまったから）下のところから（ご神事を）しなさいと、（神様に）言われることもあるんですよ。これは本当に困るんです。

私たちは上で神様を拝まないといけないのに、下からしかできないということはとても残念なことです。そんな状態になることをわからない人たちが来て（荒らして）、こんな形になっているんですよ。

それには参りますね。考え方を改めてほしい。来てくださるのはありがたいけれど、こういうことをされたら困る。ワサワ

サと(押しかけられて来ても)困るという人も神様もいるんです。

―― 我欲やエゴが大元にあると、周りが見えなくなって、自分が、自分がと……。それは神様ごとの真反対のことでありましょうね。

ノロ婆　だから、私たちは人の目に触れないように、(そのような状況をつくらせないように)影みたいな形でやるしかないというのもあるんです。

　でも、私たちがやっているときに、人も少なければ静かで、ああ、神様が通してくれているんだな、神様が静かにやってくださいと、タイミングを合わせてくれたんだね、これはありがたいことだな、こんなに違うんだよ、神様はちゃんとわかってくださっているんだね、というのがわかります。静かにゆっくりやってもらいたいという願いなんだろうねと思いました。

神様、仏様、ご先祖様へのバランスを同時にとれ　3つの祈りが、病的な人間性を変えて救う

ノロ婆　私は、神、仏、自分のご先祖、3つを同時に、バランスをとってやってくださいということを教えています。神様だけ、仏様だけ一生懸命して、先祖のことを忘れている人が多い

んですよ。だから、偏らないように、３つをバランスとって祈ってやってくださいと。「私たちのことはしてくれないんだね。ここに夢中になっているんだね。わかってくれないのかな」と思ったら、やっぱり焼きもちを焼くじゃないですか。そういう思いをさせないためにも、３つ同時にできるようにやることです。

　やる人は大変だけれど、この大変の中に幸せがあるんだよと私は諭しているんです。大変だからこそ、神様も仏様も先祖も喜ばれて、私たちを陰で守っているんです。姿形は見えなくても、流れが違います。自分が何かしようとしたときに、守られているな、自分だけの力じゃないなと。体が働いているのは自分自身だけど、タイミングを与えているのは神仏、先祖だなと悟られたらいいかなという教えです。

　私たちには関係ない、遠い、遠いところまで何で私たちが出向いて拝まなあかんのか。でも、じつは神様はみんな繋がっているんですよ。１カ所だけじゃないです。全国方々の神様を繋ぐ意味合いで、私たちも遠方にも行くんです。だから、内地からも沖縄に来るし、また、私たちも内地に行くんです。

　沖縄の神様ごとの場所には縁もゆかりもないと思っていても、神様的な繋がりがあるんです。沖縄の神様ごとの場所が親だったら、内地にいる神様たちは子として。親に向かって会いに来なさいとは言わないでしょう。親のところには子どもが会いに行くものでしょう。そういう（神様ごとを交流させる）意味合

いも人が動くことであるんだよと、教えているんです。

　疑いを持ってやるものではない。神様ごと、仏様ごと、先祖ごとは、言いわけはせんでよい。「感謝、ありがとうございます」という言葉が一番いいんじゃないですか。人間も、ありがとうございますと言われてうれしくない人はいないでしょう。いい言葉だねと思うでしょう。神様もそうです。

「いつも守ってくださいましてありがとうございます」と、それだけでも違うんだよと言っています。こうだったから、ああだったからという言い訳は言わんでいい。

「言いわけするんだったら、ことわけしなさい」とよく言うね。「これだったから、こうこうできなかったので、申しわけなかったです」と、言葉でいいんだよ。

――　そういう根源的なことの意識が薄くなっていて、それで世の中が荒れたり、もっと言ったら天変地異が起こる。地球も人体と同じで、細胞が（炎症を起こして）黒くなっていくと地球も反応するじゃないですか。人の意識が下がっていったら、人も皆が住んでいる地球も、みんなもおかしくなってしまいますね。

ノロ婆　生きている人間がそういう感覚でいたら、世の中の現象も変わっていくんですよ。だから、人間自体が考え方も生き方も、もう病気なんですよ。そんなことを言ったら批判が来る

かもわからないけど、そのように（神様からお話が）出ているんです。それをわかってもらえたら一番いいかなと思って、神ごと、先祖ごとを通して、人間性のあり方も見直してくれたら一番いいかなと感じます。

自分たちもこんな大変だけど幸せですよという顔を見たときには、よかったなと、人は自分の難儀も忘れます。これでよかったんだと。神様ごと、仏ごと、先祖ごとと言うけれど、けっきょくは人間が救われているんですよ。

人間が生きていないと、やってくれる人がいないじゃないですか。神様、仏様がいたら、お酒も上げなければいけない。人類がいる限り、永遠にそれを変わらぬ心で継続する。私はそれをわかってもらいたいです。

わかってもらえる人が、（私のところに）来てくださったらいいんです。理解できない人はいいです。これがわからなかったら、別の先生のところに行ってください。わかり合えなかったら、せっかく来た人の時間もお金も無駄じゃないですか。無駄なことはしちゃいけない。意味のある時間を過ごしてほしいし、私たちの神様は、そういうお慈悲の神様だから、それをわかってもらいたい。

それをわかっている人が全国から、ここに来ているんですよ。「ああ、帰ってきた。落ち着く」と皆さんが言います。こんな田舎ですが、それをわかってくれる人が私のところに来てもらいたいです。また、それを伝えるのが私たちの役目なのかなと

思って。私も年とっていくから、人にもそういう心、教えを伝えて、この人たちが全国に広がって、全国でそういう人たちをつくってほしいと思っています。

　自分が神になろうということじゃない。それに、その神ごとに加わるのは、みんなが幸せでよかったねと言える楽しみもないといけないんです。この（神様ごとの）わざは大変だから、支える家族も大変ですよ。そこには何があるかということです。しかし、我々はそれに選ばれた人なのだから。

命がけで神様に仕える世界から見えること
小難を大難にしてしまう人達の危険なふるまい

ノロ婆　ある人が、「あなたが電波を発しているから人が集まる」と言うんですよ。私は電波を出していない。ただ、毎日のように祈りをしている。だから、それをキャッチした人が来ると言っています。「感じどころ、言いどころ、違う人がいっぱいいるけど、それをキャッチした人が全国から来ているんですよ」と言ったら、「そうですか。ありがとうございます」と。

　ここにたどり着けない人がいる。どこですか、どこですかとグルグル回されて、最終的に電話が来たり……。「あなたはまだまだよ」という人は、近くにある橋も渡さないです。橋の向こうから帰らせます。そこでチェックされているのよ。神様の門番がいるんです。目には見えないけれど、ちょっと異変が起

こったり、頭が痛くなったりという人は入れません。

—— 神様ごとの場所に行くには、自分のあり方がきちんと整っていないとたどり着けないと、言いますね。

ノロ婆　簡単に考えて行くものじゃないです。ピクニックとかそういうものじゃないですから、神様どころはやっぱり重んじないと、神様からお叱りを受けます。たとえ神様ごとをやる者であってもね。

　一般の人だったら、（無防備で何の心得もないので）これがもっと重い。私たちだったら痛い！　という感じでも、何もわからぬ人には、ブスッと刺さるかもわからないし、上から物がボンと落ちてくるかもわからない。

　だから、（神様ごとの）場所を教えて導いて一緒に歩く人には、もっと神経を使うのよ。みんなの足元を安全にとか……。自分だけが安全であればいいという考えのもとでやっているわけじゃないからね。

—— 導きという意味では、一緒に連れていく方も導いて差し上げないといけないから大変ですね。

ノロ婆　何事もないようにお願いしますと、（ご神事の場所に）行く前までは、この場所（ノロ婆の祭祀場）でその祈りをして

いるんです。

「行くだけで、こんなに祈りを入れているのか」と考えている人もいるかもわからないけれど、危険なことになったときは、簡単なことじゃない、命がけでやっているのにという思いがある。その場では言わないけれど、我々はそういう思いで人を導いているんですというのを、どれだけの人がわかっているのかなと思うときは、正直、悲しくなるときもあります。私たちと本当に同じことをやってみたらわかるよと。

場違いの扱いを受けたときには、この人たちは心ないなと神様も思うし、私も思う。でも、その人が気づくまでは言いません。

普通にやっているときは冗談も言うけど、神様どころに入ったときはスイッチが入らんと、重んじないと神様にも失礼、私たち役目の人にも失礼じゃないの。普通、それは考えたらわかることだけど、わかんない人が本当に多いんですよ。

―― 目に見える物質界に対するエゴがあって……。

ノロ婆 そうなんです。だから、私たち教える身からは、正直、厄介だなと思うところが多いです。普通のプライベートのときはいいです。だけど、聖地に入るときには重んじて、私たち教える者だったら黒は絶対無理だよ、白に近いものを着けてきなさいねと言うんです。神様どころで黒はないでしょう。それも常識じゃないですか。

そういうのも考えつかない人が多い。そういう人はカンダーリだねと言うんです、どうかしている。自分で判断がつかない、ブレている人。言ってもわからない人が多い。

―― それがどんどん行ってしまうと、小難が大難になってしまう。周りにも波及してしまうということですね。

神様、仏様の助けがないことを嘆く前に自分の精神状態が招いたことに気づくこと

ノロ婆　自分から呼び起こしているものもあるんですよ。あまりにもわからない人は、招いているものもあるわけです。それを一生懸命やっているのに助けてくれなかったと、神様のせい、仏様のせいと勘違いする人も多い。

　これはすべて自分から起こっているんですよ。何が原因かといったら、自分なんです。自分自身をもっと知らないと。何でも相手のせい、何かのせいにしているのは、はっきり言って逃げなんですよ。何でもかんでもそういったものにこじつけている人は、私はどうかと思います。

　現実的な起こりや出来事は自分なんですよ。自分の行い。考えてみてもわかる。本を読まなくてもわかることなんです。自分は何をしたか。どういう考え方をしたかといったら、答えはもう出ている。それさえもわからない人が多いんですよ。

「私は神様的に、何かさわっているんですか」と。

「いや、違う違う。問題外よ」とズバリ言うときもあります。鬱になるのも、病気になるのも、自分がみずからしているものが多いです。だけど、そこに考えが至らないんですよ。何かにくっつけようとしている。

—— 外側に原因があると思うけれども、自分を省みろですね……。

ノロ婆 神様、神様と言っているのは、精神的な障害もあるかもわからないけど、考え方がブレているんですよ。だから、私たちはコントロールしなさいという言葉をよく言うね。ブレていたら、なるものもならない。自分本位だからちゃんとした啓示を受け取れない。

ただでさえ降りてきたらこんなになっているのに、ブレているときに啓示が来たら100%クルクルにブレるさ。ブレているときにキャッチしても、この人は当たっているねとは誰も言わない。言っていることが何か変だよねという違和感があるんです。これは降りてきたものじゃないね、この人の今ある言葉だね。これも見極めないといけないんです。

ここのところはちょっと難しいね。本人が理解できないんだから、あなたは冷静にして、お家で向き合いなさい、または、精神科の専門医のところに行って診察してもらいなさいと言い

ます。

　その人に家族や子どもがいたら、この本人のために、家族もかわいそうな思いをするじゃないですか。第二の悪い心を持った人に連鎖していく。それはどこかで断ち切らないといけないから、そういう指導にも入らないといけないんです。

　この人たちが悪いからこうなったのよ、で突き放すのではない。やっぱり誰かが手を差し伸べて、「こういうところがまずいから、（あなたは）こうしましょうね。やってみましょうか。どうしますか」という形で教えてあげないといけない。そうしたら、その人のあり方が変わってくる。家族や子孫がかわいそうでしょうということを訴えて指導もするんです。その場その場でいい方向に変わってもらえるような形をとる。そうじゃないと、上から下までみんなワル、ワル、ワルの人間たちの集まりになってしまう。

　ある政府筋の人と、そういう話をすることがあったんです。上がこうだったら、下もみんなずっとDNAのような形で、同じ道をたどるものと言っていました。（生物学の遺伝的な）先祖ごとだけじゃなくて、現実ごとの暮らしの中でも似た形で伝わっていくものだと。

　これはある意味本当でしょう。だから、どこかで指導が入って、考え方の意識を変えるようにしないといけないんです。

―― 　そこで再生に向けないといけない。

ノロ婆 これも再生です。そうしたら、生きるすべにもなるし、子孫が親と同じようなことをしないで済むでしょう。だから、それを変えることも必要だよねという話をしたんです。これは神様とか仏様とのあり方を変える道でもあるんですよ。でないと、ワル、ワル、ワルで人類は滅亡に近いじゃないですか。

── どこかでそのワルを善に変える、徳に変えることをしないと、あの世に行って、「俺、しまった……」では、現実の地球では遅いですものね。地球にいるときにできなければ。

ノロ婆 そういう因縁もあるんだよと。私たち、神様だけじゃなくて、仏様の死後の世界のことも指導します。きょうは宮司、きょうは坊主、きょうはノロ、3つの役目をしています。この世界に入って、そういうことができるんです。入れない人が入っていってはいけない。だから、しんどいことでもあります。

Layra ヌールってノロのことですよね。

ノロ婆 それだけじゃないですよ。生きていけるための教え方もしないといけないんです。ある程度の大難、中難、小難への切り替えをやって、この一族が生きていける、耐えられるぐらいのことに戻さないと。

160

努力しても、努力しても、私たちみたいに術を使えるわけじゃないし、祓えるわけじゃないし、祈ることができないじゃないですか。そういう人たちにはどうしたらいいかを教える。けっきょく、神様、仏様、先祖のことをしながら、この人たちの生き方、ちょっとした道筋を伝える。

——　地球の大難、小難の前に、自分自身で悪いほうに行っている大難を小難にしなさい。それが地球の大難を小難に変えることにも繋がると。

ノロ婆　相談しても何しても、自分のあり方を変えようとする行動に出なければ一緒だよ。でも、そういうことを一人ひとりがやっていったら、地球も保たれる。
　たとえ津波が来ようと、地震が来ようと、生きていける道は必ず与えてくださるんです。だけど、そういう考え方がもとにない人間がいたとしたら、けっきょく、その道も閉ざされる。それを今、啓示していると思います。

今は、生き残りの確率30％〜50％……?!
救うだけではなく反省させる痛撃も伴って
事は起こる

ノロ婆　今回、大きな地震があると言ってみんな右往左往して

いるけれど、やるべきことは何かということ。準備するべきは何かという課題を与えられているんじゃないかなと私は思う。これは私の考え方ですけど、（神様が）私に言ってくるのは、（生き残りの確率）50％50％ですね。

Layra 50％は、（いいほうに）上がったんですね。私の啓示はひどかった。ブルーエイビアンという存在が来たとき、生き残り3分の1というのを見せられました。

　私もブルーエイビアンという存在は知らなかったんですけど、映像に撮れました。ブルーエイビアン自体を調べたら、青の生命体が本当にあるんだという。それを配信されている外国人の方がいるじゃないですか。宇宙へ行って、啓示で特殊な任務で裏で動いていた外国の人。

　これから太陽フレアによってもあるし、そういったことが起きるということをブルーエイビアンの警告で見せられて、2年前、十種神宝という鎮魂の法を学びに行かされました。

―― 7割はダメで、3割だけ生き残るという確率ですか？

Layra えっ？　と思いました。私がその啓示でずっと動いていたのが「マントルを鎮めよ」というものでした。神事で一緒に動いている女性も「そうだよ、だから、こうやって祈って繋いでいるんだよ」と。でも、人々にそんなことはなかなか言え

第二録 「神/己の真声を聞かざる」をひっくり返せ！

ない。その画像をインスタで上げようとしたら、電源がバンと切らされて、その動画が上がらないんです。だから、今までは内々でやってきました。

―― 今、助かる・助からないというほうに行ってしまうけど、問題はそこじゃないのかもしれませんね。意識をどう高めるか。それで助かる人は助かるし、助からない人は助からない。日月神示も、助ける人は助かると言っているのですが、その意識の違いで、問題は、「俺は助かるか、助からないのか」ではないんだよというところですね。

Layra 私たちが、日月神示、先代旧事本紀の黙示録も見せられたときに、９分９厘、あと１厘でひっくり返すと。それは、私たちが裏でやっていることで、祈る人たちも陰ながらやっているけれど、でもその力だけじゃ無理……。

あとは大衆の９分ぐらいの集団を上げるのも同時にやりなさいという啓示が降りた。私たちはご神事の拝みだけでもくたくたですが、今そういった役割の方たちが意識を上げるようなことをやっていくことかと。

私たちは、いよいよという危機的な啓示に出会ったのが２年前ぐらいからで、急がなきゃヤバいねと言っていたのですけど、多くの人々の意識次元までは、私たちだけでは、なかなか手が回らんから、きっとお役割で、今そういう情報を世界で配信さ

れている方もいろいろ出てきてくださっている。同時進行です
ね。

―― 意識を上げながら、裏神業としてマントルを鎮めるのも
やる。両方やっているから、すごく大変でいらっしゃる。ブル
ーエイビアンの本は出ましたが、（2024年）６月に空海からの
霊言メッセージの本も出ます。今、そういうメッセージが同時
にたくさん出ています。

Layra　今、ノロ婆が、５分５分と言ってくださったので、前
よりはちょっと上がっているんだなと思いました。これまで３
分の１ぐらい（の生き残り）という啓示だったので。でも、や
っぱり表裏一体の状態ですものね。神様はきれいに優しくフワ
ーッとするだけでなく、お不動さんのようにワーッと荒ぶるこ
ともある。それは人間の意識を上げるためにも、お母さんがず
っと甘やかしていたらダメなように、怒るときは怒るという愛
の深さなんだ。

ノロ婆　要するに、（人を）守ろうとするだけが能じゃないん
ですよ。反省させる意味もある。そうじゃないと人間は変わら
んから。この世の中、教育だって、政治家だって、そうでしょ
う。
　当たり前すぎたら、人は違う行動に出てしまう。だから、救

うだけが能じゃないよ。反省もさせなさいということ。なぜこうなったかという意味を知りなさいということなんです。

結果が出たということは、意味を知らなかったのか、意味を少しでもわかったのか。

神様は、こうなりますよとはっきり啓示したらいいんですけど、謎かけ問題みたいな感じね。そこで考えて、答えを見出しなさいと（啓示を）与えるんですよ。

私たちは拝んだ後に、これかな、あれかなと合わしていくんです。ここでこう言った、ということは繋がっているかなとか話をする。Layra は神奈川にいる、私は沖縄にいるけれど、こちらにもそういうのが来たよ、じゃ、やっぱり合わさっているんだね、ここのことだったんだねと。

—— そういうことなんだねと腑に落ちて、次にこうしたらいとかという話し合いをするのですね。

本で一番伝えたいのは、
地球を大事にする祈りの意識に変われば
神様は生きる道を与えくださるということ

Layra ノロ婆が今回、表に出て話をするという形が、また繋がったという意味だと思っていて、私たちの言葉を書記の方たちが、公開してより多くの人たちに繋いでいく。

―― それでこんどは、本を読んだ人の意識がどう触発される
かというところですね。僣越ですが、今、その流れが来ている
のかなという感じはするのです。そういう（目的を持たれてい
る）著者さんがすごく増えていて、本当に意識を変えないと大
変なことになるよと、皆さんいろいろなやり方でやっていらっ
しゃるのです。

ノロ婆　本とかを見て、それぞれ個人が感じることかもわから
ないけど、むやみにパニックに落とすようなやり方はあまり好
ましくない。何があっても、自分たちが注意して行動しないと
いけない。

　たとえば、ごみ捨てにしても、常識的なことから始まるんで
すよ。いくら神様を大事にしても、一般のところはどうでもい
い、ごみをポイポイ、これじゃダメ。わかりやすく言えば、神
様を大事にするんだったら、日ごろの生活、意識の中で、自分
たち以外の物でも道に落ちていたら拾って片づけるとか、そう
いう気持ちを持ったらどうですかということ。見て見ぬふりを
していることが多いじゃないですか。これは私がするべきこと
じゃない。ほかに人がいるでしょう、などと理由をつけて。

　祈りは私たちがすることじゃなくて、これをやるノロ婆たち
がいるんでしょう。そうじゃないのよ。自分たちの地球だから、
みんなが祈らないといけないんです。逆に言ったら、みんなの

第二録　「神／己の真声を聞かざる」をひっくり返せ！

命がかかっているんだから、今までわからなかったかもしれないけれど、今からはそういうのを意識して、一人ひとりが、自分たちが生きる地球を大事にしていかないといけないと、そこに行き着いてほしいんです。

　そうしたら、どんなことがあっても地球が生きる道を神様が与えてくれるんじゃないかなと私は思っているんです。間違ったことをしたかもわからない。だけど、今からは反省して、また考え方、意識も変わって、感謝する、大事にするという心根になる。

　これは当たり前の話なのよ。でも、当たり前が当たり前でなくなった。人間の心も行動もそれだけ変わった。だから、悪いことばっかりで犯罪も増えるし、こんなこと、あり得るのかなと思うことをしているでしょう。

　人が人を殺して焼く。普通は考えられないことでしょう。欲と、自分の何かを得るためにやっている。もう人間じゃない。人間の形をした悪魔です。（憑依で）入り込まれているんです。心も考え方も、すべて病気になっている。そういうウイルスが飛び交っているかのようだ。

　それを言ったら、そういう考え方を持っているあなた方が変ですよと言われかねんから、詳しくは言えないところもあるんですよ。でも、そういった考え方を持った人がいてもいいんじゃないかなと思うんです。

　そういう人が戻って手を挙げていないから、皆さんは行き場

167

がないと言うんです。「そういうところがあったら行って相談もできるのに、わからなかった。知らなかった。ああ、ここにあったんですね」という方たちが全国から来るんです。一回来たらまた来たくなるというのは、そういう意味なんです。やっぱり考え方なんですよ。

そういう人がどんどん増えていったらいいねと思っています。東京だったらその人の周りの東京の人が変わってくるし、福岡だったらその人を通して福岡の人の考え方が変わってくる。そうなっていったらいいかなと思うんです。

いいことはいいんですけど、悪いことは止めないと大変な世の中になる。悪いことが広がらないようにストップをかけてくださいと、もちろん神様にも祈ります。そうじゃないと人間が大変なことになる。察知したら、それは私も止めます。その祈りに取りかかります。

それが目に見えているものじゃないから難しいということなんです。我々がどんなに訴えても、この人たちはどうかしているとしか思われない。私たちは何をやっているんだろうと思うこともあるね。

—— でも、何やっているんだろうという人は少しずつ減っていく。人知れずこういうことをやっている人がいるんだとキャッチして、関心を示す人が増えているんじゃないでしょうか。

第二録 「神／己の真声を聞かざる」をひっくり返せ！

（上）沖縄某所の龍宮神拝所へ（下）修行の場の御嶽の前にて

大難を小難に替える力を一人ひとりがどう積み上げていくか
沖縄ノロ婆から届いた緊急のメッセージ

ノロ婆 確かにそれは少しずつあるよね。大規模じゃないけど、小規模でも伝わっていっています。だから、私のところに人が集まるんですよ。キャッチする人は、

「神様がそう言うからここに来たんですよ。電波を受け取ったんですよ」と言う人もいます。この人は電波を受け取ったんだね、はい、どうぞと話をして、こうなんだね、ああなんだねと、この人も納得して、私も納得して、「じゃ、また来れるときに来てください。頑張ってよ」と、それしかない。

あなたはあなたのやり方で、この地球が保たれるように、周りの人を救ってあげてくださいね。それでも難しかったらいらっしゃい。私を通して、その人を救いましょう。

だから、大規模なことをしようとは言っていない。でも、一人からやっていったら広がっていくからね。

Layra ノロ婆はこの2024年、この本の形をとって、ここでのお話も追加することで、出るのが少し遅くなってもいいか、それとも、必要な方たちがノロ婆のところを訪ねてお話を直接聞いていくほうがいいのか、そういったことはありますか。

ノロ婆 今回、私も悩みました。やっぱり地球が保たれるように、人を救わなあかん。人を救っても、地球がなかったら生きていけない。遅かれ早かれ、結末は一緒なんだよ。人も住むところも、となったら、相当の祈りも必要だと思う。私たちは覚

第二録 「神／己の真声を聞かざる」をひっくり返せ！

悟しないといけないと思います。

　だから、話があったとき、これはどういうふうに持っていけばいいのかなと考えたんです。ここまでの話を聞いて、どうですか。

── 　大難を小難に変えるために、集団の想念を上げることを人知れずやっていらっしゃる。それが伝播して広がっていくために出す本で、すごく大事なメッセージになると思います。出し方としては、Layra さんの目覚めと、やってきたこと、その中でノロ婆との出会いと教えがあって、さらに加速したというお話も加味する。こういうことを沖縄で人知れずやっていらっしゃってきた方がいる。

ノロ婆　本を読んだら、電波が通っている人はみんな、私だとわかりますからね。隠していても来るから。

── 　その人たちは（電波を）キャッチしたので、地元に帰れば、その人たちが光の柱になる。ライトワーカーになるから、すばらしいことじゃないでしょうか。（悪念やエゴで）たどり着けない人はたどり着けないと思います。

171

大難を小難に替える力を一人ひとりがどう積み上げていくか
沖縄ノロ婆から届いた緊急のメッセージ

 電波をキャッチできた人だけがノロ婆のところへ その人たちが光の教えを広めるネットワークに

ノロ婆 そうですね。これは選り分けられている。天命があって、わかる人とわからない人。通る人と通らん人。通った人が導いて、また一緒に来る。

　九州に通った人がいるので、「こうなんだよ。行ってください」と言ってくる。私は、九州は確実にキャッチしているから通っている。次はどこかといったら、向こうは行っていないから、入らないといけないねというところも来ているんです。ここだけというわけにいかない。

　これがもし24年、25年に起こったら、やらなかった自分がいたから、こんなになったのかなと思うのがイヤだから、一通り入らないといけない。でも、私一人でやっているから、大きな動きができない。向こうの人が来ているけれど、そこまで至らないというか、感じていない人だから、まだまだなんです。

　神様は、虫を使い、モノを使い、人を使わせる。私ができないことは、祈ったら、この人（Layra）を行かすんですよ。そこで「こうなんですよ。あなた方も祈ってくださいね。自分の住んでいるところを救うためには、あなたの祈りも必要なんですよ」という話をしているんです。そこに誰もいないよりは、少なくとも誰かいたほうが救われるんです。そういう意識が必

172

要だ。

「そのために神社仏閣があるんですよ。何のために神社仏閣があるか。パワーをもらうだけのところではない。勘違いしているよ」と言ったのよ。そこに先祖もいらっしゃるから先祖にも感謝して、神、仏にも感謝して、3つのことができる。

皆さん、「知らなかった。新たなことを教えてもらいました」と言っている。「3つの役目ができるってすばらしいことだよ。大事にしてください。そこで自分のことだけ祈るんじゃないよ。世の中のため、世界平和のためという祈りを入れたときには、意識が高まって、そこから変わるのよ。大変なことがあっても、大難が中難、小難になって、救われるんだよ」と。

それをみんながわかってくれたら、一番いい。全国はやっぱり広い。そこに一人でもいたらね。きのうは青森の八戸の人が私のところに来て、ちょうどこの話をした。

―― 八戸も昔からパワースポットと言われていますね。

ノロ婆　そこの奥さんが、座った途端に言い当てるのはすごいと言っていました。

「近くの神社に行って、繋いでくださいね。また、八戸のためにも祈ってくださいね。お願いします」と言ったら、「沖縄の人なのに、私たちのこと、神社のことを、皆さんのために言ってくださってありがとうございます。ぜひさせてもらいます。

来てよかった」と言ってくださった。

　ここに来てキャッチする人は、その日に会った途端に神様の話ができるんですよ。だから、入っていける。その人が頑として心を閉ざしていたら、私がどんな話をしてもダメだけど、きのうは通ったからよかった。「また来ます」と言っていたので、繋ぎがとれたということです。

—— その人が帰られて、ふだんそういう意識で生活されていたら、周りにも波及する。すばらしい教えだと思います。

ノロ婆　音楽の世界の人のようだから、「音楽でも心に癒やしを訴えてください。あなたは○○の神様からそれをもたらされているよ。ちゃんと感謝してね」と言ったら、涙を流していたね。

　すぐ泣く人もいるよね。跳んだりはねたりする人もいる。人によって、とり方はいろいろです。

—— 開放されてワーッとなる。人の意識を高める教えと、災難を鎮めるご神業もされて、大変なご活動です。

ノロ婆　やっぱり支えてくれるみんながいるからできることです。支える人も、みんながみんなではない。そこに必要な人を連れていかないといけないのです。一人でやっているわけでは

ない。役割を持っている人を連れていくんです。一緒に行ける人も、それを理解してほしいです。

――　チーム・ネットワークですね。

ノロ婆　それがまた高まっていく。次は私は、別の地方に入るから、そこでできる人たちが増えていったら、向こうでできる形になるさ。
「私たちはこういうふうに教えてもらった。私もいい方向に行く教えをみんなに伝えていきたい」という心になったときは、閉じていたものが開くんです。
　今、開かせる作用をしているんです。私が訴えているのはそこなんです。海も山もみんな開かせる。
　電話がかかってきて、
　「先生、今、富山からです」
　「どうしたの？」
　「開かないんです」
　「ちょっと待ってよ」
　「あっ、先生がウンと言ったら開きました」
　「じゃ、もう私は必要ないね」
　と電話を切るんです。
　だから、電話も一人としての仕事の役目をしています。スマホはすごいよ。いいのをつくってくれている。「今ここにいま

す」と言ったら、私が行かなくてもやりとりができる。「ここに当ててやりなさい」と、リモートでも、テレビ電話でも即座にできる。遠隔で通すことは普通の人はなかなかできないけど、力を持っている人はできる。この場所に座っていて、パパパッとできる。

ただ、写してはいけない。私がそこにおったらあかん。それはやめてといつも言っている。

 **自分自身の判断がすべて我に返ってくる
今問われているのは、人類自身の愚かな行い**

ノロ婆 要は、何でそれをするのか。何でそこまでするのか。その意味をわかってもらいたい。強く訴えたい。私でなくて、この地球、人類のためにやっているんだよ。私たちはやりたくなくても、やりなさいと言われたら逃げられない私たちがいるんだよということを理解してもらいたい。

Layra みんながやってくれたら、私たちもほっとできるのに。体は一つだから。

―― みんな地球からは脱出できないから、全部、我に返ってくるんだよとシンプルに気づく。自分の心根のあり方でシンプルに返ってくる。

ノロ婆　神様とか、仏様とか、先祖とか、それもそうだけど、今与えられているのは、人類に対しての行いだよ。我に返ってくるか返ってこないかは、自分自身にあり。自分の判断だよ。今、来ている子たちにも、

「自分の判断だよ。人の判断に委ねるんじゃない。何を聞きたいか。我でしょう。自分自身の心」と言っています。おうちのところに「心」と書いていますでしょう（祭祀場にある石に刻まれている）。やっぱり心なんですよ。

　こうしたほうがいいか、ああしたほうがいいかという判断、イエスかノーかの判断は、やっぱり心なんです。判断（見極める力）を間違ったらダメ。これをやらなければよかったな、なぜこれを選んだんだろう、ノーと言ったんだろうという自分がある人もいるだろうし、イエスを選んだ人もいるだろう。そこで道が二股に分かれる。

　人生には、イエスとノーと２つある。イエスをとるかノーをとるかで、結果が違う。どこを選ぶか、てんびんでもある。救われるか救われない身になるか、自分に返ってくる。

　遠回しでなくはっきり言えば、すべては自分自身なんです。地球なんて要らないよと思う人は、それなりの考え方をしたらいい。でも、私は救われたい、生きたいと思う人は、やっぱりそこを選ぶべきなんです。「どうしようもないさー」と諦めている人もいるかもわからないけど、諦めたらダメだよ。生きる

すべは目の前にあるんですよ。

　あなたがどこを選ぶかで決まるんですよ。そういう心が再生して、また続いていくんです。諦めていたら、なるものもならない。私たちはそうして生きてきたから、言えるのです。

　誰も理解してくれなくても、この人たちはどうかしていると批判されても、やっていかないといけない。後ろを振り向けないんです。前に進むしかない。それは使命だからです。やらないといけないという使命を持たされたから、やらないといけないんです。

　私たち、本当にかわいそうよ。ノーも言えないですよ。はい、はいと（笑）。一般の人だったら、やっぱりノーも言いたいさ。キャンセルと言いたいよ。やりたくない、キャンセルお願いしますと。言い訳は言うなと来ますから、イエス、イエス。そうしたら、船をちゃんと通すように、波も悪くない状態で待っているんです。

　それは神がなせるわざですよ。我々は人間ごときだもの。

　もし神様から、通す人として、あなたは来なさいよと選ばれたのだったら、どんな道からも、針の穴からも通すと私の母が言っていた。だから、通っていかないといけない人は、道を選べないということです。

　また蝶々が来た。

リョウ　次は色違いだ。

ノロ婆　黄色。

――　本当に蝶々がいっぱいですね。

ノロ婆　きょうは不思議ですよ。あの昨日の拝み（246p参照）ご神事から始まっています。つがいです。とても喜んでいるんだね。目の前にも来ている。「そうですよ。頑張って」と言われているような感じね。蝶も応援しているさ。蝶の舞ですよ（笑）。

――　（蝶の舞がきれいで）おしゃれですね。大変な使命でありますけど、誰でもできるわけじゃないから、すごいなあと。

ノロ婆　自然のものもこのように動かすんですよ。すばらしいでしょう。ここで話をしているだけで来てくださる。私たちは幸せ者です。そういう感動もないとダメなんですよ。動物も蝶々もみんな神様がつくったんだから。人間のものは、何一つないんです。

Layra　そういったノロ婆のお話に参加を望む人たちもいると思うんですね。今回がそういったきっかけになるのかなと思うんです。参加されるとこういった現象で、祈りのつらさからも

解放される。感動して、涙が出そうになる……。

ノロ婆　やる前の海と、やった後の海は違いますものね。それ
ぐらい意識のレベルが高くなっているわけさ。
　最初は、何で左と右に分かれるかわからなかった子たちも、
　　「何で私だけあっちへ行かされたと思ったか？」
　　「思いました。先生はここなのに、私だけあっちへ」
　　「陰と陽だよ。ここを挟んで右と左からやりなさいと言わ
　　　れたから」
　　「雲を見たら割れたから、そういうことだと教えてもらい
　　　ました」
　と。そんなふうになるんですよ。
「そう、よかったね。わかると思ったよ」と、褒めるときは褒
めてあげるよ。怒るだけが能じゃないさ。同じ人間だから、褒
めてもあげないと。
　そうしたら、「よかった！」というプラスの意識が上がって
くる。そういうことが人間は下手ですが、これが言霊というこ
とです。

───　よかった、ウキウキとなると、波動もぐっと上がる。

ノロ婆　何をやれと言われて、先生に怒られていたらマイナス
じゃないですか。やっているときは先生じゃなくて、同志とい

う感じなんですよ。

Layra ざるに入れてガシャガシャとして、残った人は残る。本当にはじかれる人は、はじかれる。そのサイクルが早いような気がする。

ノロ婆 8月から、多くなってくると思うけど、4年間、コロナでストップしていた祭りごととかやっているから、ドンチャン騒ぎをしたい人、意識のレベルが薄い人たちはガチャガチャとして（はじかれて）いく。分かれるけど、その中でも、濃い人がそれだけ学んで帰ったらいいかなと思っているんです。薄い人が来て、チャラチャラして帰るよりは、濃い人、この人に伝えないと伝わらないという人が来ますから、あっ、この人だなと、入ってくるときにわかります。ただ、本人には言わないだけ。人によってはここに来て、重たく感じる人もいるでしょう。

 プラスの繋がりが、さらに上のプラスに連鎖する神様繋ぎで必然の「ご縁広がりの宇宙法則」

ノロ婆 これだけの人が来るから私が忘れていても、本人たちは覚えています。
「覚えていますか。3年前に来たんですよ」と言うから、

「そうだったね。きれいになってるから、わからんかったさー。この間、3名で来たでしょう」
「あっ、覚えているじゃないですか。3名でも来ました」と、何回か来ているのよ。だから、全国から私のところを訪れてくる。
「あなたはこっちの神社に行って、こういう祈りを入れてね」と言ったら、
「わかりました」と言って帰ります。

リョウ　この間、ここに来た人たちが、鎌倉の店に来てくれた。

ノロ婆　そうそう、あの人たちも「あわのうた」と言ったから、鎌倉で「AWANOUTA」というラーメン屋をしているリョウちゃんと、奥さんもうちに来ている。同じだね、行ってきなさいと言ったの。

リョウ　その一人が真鶴でホテルをやる方で、ちょうどオープン前にうちに来てくれて、俺らもちょっとのぞきに行った。そこで繋がったんやと思った。

Layra　高台で、すごくいいところでした。海も見晴らせて、きれいな、おしゃれなホテルでした。
　そのころに真鶴でヒカルランドさんと再開したから、真鶴っ

てすごいんだね。呼ばれるねと言っていたら、忌部と繋がった。

ノロ婆　やっぱり繋がっているんですよ。これがプラスの繋がりです。それで真鶴に繋がった。自分たちの持っているプラスと、また上に行くプラスが繋がるんです。連鎖していく。発信しているのはここなんです。

──　ご縁があるなと思う人は、遠いところからもいらっしゃっていて。

ノロ婆　人知れず電波が通っているのか、「龍神は、龍神は」とワサワサしている夫婦もいるし、ホテルに泊まっているけど、プライベートだからとタクシーでここに来ますよ。

Layra　書記（編集）さんは、逗子に住んでいて、私たちと龍で繋がっていて。

──　（街が）お隣なんです。引っ越したのも同じくらい。引っ越す前に、龍口明神社に行って、江の島に行って、それから引っ越したんですが、「私たちも、同じだ」と言うので驚きました。

ノロ婆　龍神繋ぎでもあるし、私が龍神だからね。水の龍だけ

183

でなく、火の神様、火龍もいるからね。今度はいろんな色の珠を見せてもらった。今こんなになっているから、安定させるために使う珠なんですねと思って。それをもらっても、どう使うかなんですよ。

　実際にもらったけど、使い方のわからない人も来ます。それは一から教えないといけない。今から背負って立っていく沖縄の人たち。沖縄だって広いからね。小さい島だけど、これだけの人がいるということで、

「あなた方もこうしてやらないといけない神の子なんですよ」と教えていって、安定させる。この人はここでストップしているから、先へ進ませるための作用を起こす。沖縄の人も、内地の人もそう。だから、縁のあった人たちはみんなここから変わっていくんです。

「今まではどうしていいかわからなかったんです。私の嫁はこんなになっているんです。病気なのかと思っていた」と。

　ここで見たら、神様が降りてきているから、この神様をきちんとさせないといけない。神様が口を閉ざさせているから、奥さんは旦那とも口をきかないのです。私とだけものを言う。この人は神様が降りているから、早くしてあげなさいと。福岡の瀬織津姫。神様を鎮座させたら、この神様ももちろん輝いて、この地域も輝く。この個人がやっても、この地域は明るく光が差す。

　Layra が神様ごとをやっているでしょう。あなた方のお家を

＊瀬織津姫：水神や祓神、瀧神、川神、海の神。大祓詞や古史古伝のホツマツタヱ、神社伝承などで存在が知られるが、古事記・日本書紀には記されない神秘の神名で謎に包まれている。天照大神と関係があり、天照大神の荒御魂とされることもあり、今後、とても重要な女神様と伝えられている。

守るだけでなく、この地域もみんな守ることになるんです。そういう人が増えたら、地域はみんな守られる。

 ## 大きな力を持つところにも屈しない
従うのは人ではなく、神様であるという一念

ノロ婆 病気をしている方も、半々の人も私のところに来られるから、単刀直入に「私は神的ですか。病気的ですか」と来る人もいます。それははっきり言ってあげないといけないから、「あなたは病気的ですよ。精神科に行って、薬を飲みなさい。それがちゃんと安定したらここに来て、神的なものだったら見ましょうね」と言う。

気づいたときは、「何で途中で薬をやめたの」と言います。それは言わないと大変なこともあるから、その人のためにならないなと思うところは、話をさせてもらいます。

病気的になっている人は、それでスイッチが入って悲観したら困るから、そういうときは言葉を慎重に選びます。神経を使います。

だいたいの人は、軽い鬱であることが多いですよ。鬱病の人は「私は鬱じゃない」と言うけど、こんな世の中だから軽い鬱は入っていますね。

みんなに幸せになってもらいたい。日頃からそう感じます。

大難を小難に替える力を一人ひとりがどう積み上げていくか
沖縄ノロ婆から届いた緊急のメッセージ

　私だけが神様に愛されるのでなくて、私に縁のある人は、みんなともに幸せになってもらいたいというのはあります。自分が苦労しているから。

　だからといって、ペテン師、詐欺師みたいなことはしたくない。卑怯なことはしたくない。そんなことは許せない。苦しい人をもっと苦しめているような人たちが多いからね。

　こうしたら治ります、ああしたら治りますとか言って、金儲けのためにやっている人がたくさんいるじゃないですか。そういうのはあってはならぬと思っています。かかわることもないし、私はそういうことには一切協力しない。

　本当に心のない人たちは受け付けない。神様が選びます。神様はそう言っていないから、私は無理ですと言って、私は人間には従わない、神様に従う。私はそういうところは頑固です。だって、正しくないじゃない。神様がそう言っていないのに、どうして人間が決めるの。私は神様に言われたから、バッシングされようと何されようと、あなたはダメと切り捨てられようと、自分で一生懸命コツコツとやって、私を信じてくれる人が訪ねて来てくださって、神様ごとを継続していければいいと思っています。

　だから、大きい力を持ったところが見放しても大丈夫です。今までコツコツやってきたから、それには慣れているから痛くもかゆくもない。私が離れたら困るのはあなた方でしょうと、逆に言っているぐらいです。

「そうだね。あなたの考え方はとてもいいよ」と賛同する人が来てくだされればいいんですよ。あなた方は客がどんどん来て、収入がいっぱい入って、きらびやかにやったらいいんだよ。

　私はそういうのは望んでない。神様も、ちゃんと神様だと思って、重んじて来てくれる人のほうがいい。そのほうが神様もうれしいと思う。そういう考え方を理解してくださる人が来てくださったほうが、私も、うちの神様もいいのかなと思う。

── そういう人が遠いところから足を運んで、自分のブレているものをもとに、人間的な心を戻して帰られると、その人が家に戻って、その周囲にまた光を発する。そういうことで広がっていくと、大難が小難にということに繋がる。

神様が教える発信内容をいかにキャッチするか
親は神様、自分は使われる身というスタンス

ノロ婆　ここから帰ったらまずやることは、自分の地元、地の神様、氏神様に感謝すること。そして、自分のことだけ祈るんじゃなくて、地球が保たれるようにという祈りを入れてください。

「これはあなた方の役目だから、あなた方がやってください」ではない。みんな一人ひとりが感謝して、地球が保たれるように注意しないといけない。

大難を小難に替える力を一人ひとりがどう積み上げていくか
沖縄ノロ婆から届いた緊急のメッセージ

　ゴミをあまり出さないようにするにはどうしたらいいだろう
か、そういうことも考えてください。もったいない精神。この
世の中はぜいたくすぎて、買えばいいという感覚だけど、そう
じゃなくて、ゴミを増やさないという考え方を持たないといけ
ないんですよ。生ゴミだったら肥料にもなるでしょう。

　とにかくこの地球が危なくないように、保たれるようなやり
方。自給自足もみんなに言っています。買って食べるのもいい
んだけど、ちょっと土地があったら、そこで自分たちが食べる
ネギやら何やらをつくれるよ、と。

「買ったほうが早いよ」じゃなくて、無農薬でつくるのもいい。
私もそれは実践しています。できるんだなという感じ。畑も大
きくやっていましたが、今こっち（神様ごと）が忙しいから、
裏でやっています。

　また蝶々がきた。やっぱりつがいだね。こう見せるんですね。

　その精神をわかってもらいたいかな。それが地球が保たれる
こと、人類が生きていける形かなと思って。最終的には、昔に
戻る。発展した世の中だけど、人間はあまりにもぜいたくしす
ぎて、違うところに進んでいるから、再生はもとに戻るという
形なのかな。

　神様はそれを私たちに教えてくださってる。なくていいもの
は、持たなくていいのです。生きていけるものだけ持てばいい。
そうしたら、人間の考え方が変わってくる。もとに戻れるよう
な形になるのかな、それをおっしゃってくれているのかなと私

188

は思います。

――　まず、自分に向き合うというところからですね。自分に向き合わないと自分軸ができない。縄文の人は、自分で電波をキャッチして、やりとりできるぐらいに自分軸を持っていた。地に足をつけて、自分意識をどれぐらい持てるかというところなんでしょうか。

ノロ婆　神様はそれを発信しているんですよ。ただ、人間がそれをキャッチできる人か、気づかないかです。

――　気づかない人が増えているので、気づかせるためにも、揺さぶったりとか、いろいろやっている。

ノロ婆　やっぱり人によって違いますから、それを早くキャッチできるように、気づかされるように指導しているんですけど、人間だから、こんなのってあるのかな？　と疑いを持ったらブレるんです。前に進めない人がいるんです。見たら、わかるからね。やっぱり一人ひとり違う。同じじゃないから、そんなふうに指導しています。
　１回、２回、３回とやっていったら、意識が上がっていってはいるよね。直接聞かれたときは、
「そこら辺をちゃんとブレないようにキャッチしなさい」と言

っています。外へ行ってするときは、ともに行って、こうなん
だよ、ああなんだよと教えます。

「あなたはこれだけできるんだから、やりなさい」と言う先生
もいると思います。また、出すだけ出して、「あとは自分たち
でしなさい」と言う人もいます。やり方は先生によって違いま
すから、みんな私のやり方でやっているわけじゃない。みんな
それぞれ自分に降りてきたもので指導しているはずだから、そ
れを違うとは言えないからね。

「これはあなたのやり方ですね。これは私のやり方です」と言
ったら、トラブルもないんです。これが一つに統一されたもの
だったら、結局、違うふうになるんですよ。

―― それは宗教もそうですね。俺の宗教のほうがすごいんだ
言い張ると戦争まで行ってしまう……。

ノロ婆　自分が一番とやると、戦いになります。私は、そうい
うのはやりたくないんです。「あなたの考え方はそうですか」
と、認めるところは認めるけど、加わることはしない。

　あくまでも自分の神様が指示する方法でやります。神様、仏
様を信じている者は、やり方は違えど闘うべきではないんです
よ。人としても、神様ごとをやる身としても失格です。

　親は神様なんだから、自分はあくまでも使われる身なんです。
そういう思いでやっていかなければいけないんじゃないかなと

第二録 「神／己の真声を聞かざる」をひっくり返せ！

私は思います。

――　そこがちょっとずつブレていくと心に隙間ができて、違うものが取り憑く……。

ノロ婆　邪心も入ってきますからね。そういうのを呼び起こすのも、祓うのも、それは自分の心、自分自身なんですよ。そういうのをつくるのも、知覚するのも自分自身ですよ。
　自分が行っている行動なんですよ。本当にそういうものに来てほしくないと思ったら、頑としてガードするじゃないですか。来たとしても祓えばいい。属さなければいいのです。それができないということは、その人の問題です。
　現実的なこともすべて、神様、仏様とか先祖のせいにするのはいけないことです。それを見抜いたときは、
「違うでしょう。あなたは何でもかんでも、こうやって逃げるんですね」とはっきり言います。とにかく何かのせいにしたがるのが、人間の本能です。いいときは自分がやったと主張するのよ。だけど、悪くなったら、あの人が、この人がと言う。心の中で「この人、よくそんなこと言うよね」と思うけど、言わない。
　近くにいる人には、
「すべて自分に原因ありなんだよ」と言っていますけどね。
「その意味を知りなさい。悟りなさい。そうしたら答えが出る

よ。そうしたらこんなに悩まなくてもいいのに、どうしてこんなに悩むの。無駄なお金を使いすぎだよ。そのお金で何かできるでしょう」と。

 動物にも大事な存在として接すること
悪心は、反省と神様への祈りで再生できる

ノロ婆　人間は、神様も、仏様も、先祖もだけど、動物に対してもそういう気持ちを持ってほしいです。あまりにも勝手すぎる。自分が大変になったら、エーッとなる。でも、あなたはそうなるようなことをしたんでしょうと言いたい。悪いことをした人は、もっと反省しなさいよ、と。反省が足らない人は、神様に「この人は言っても言っても聞かないから、反省させてください」と言います。そうしたら、何日かして「悪かった」と言ってくるから、
「そう。何か感じたの？　今の心を大事にしなさい」と、反省したら許す心にならないといけないんです。許す心も持たないといけない。

　反省はしないといけないんです。悪いままでは生きていけないし、周りにも影響を与えるから、この人を反省させるためにも、「神様に祈りなさい」と言って、いい心にして、また再生なんです。この人が再び前を向いて生きていける。

プラス波動の使い方の教え
いい気を受け取れる見極めの力とは

ノロ婆 この場所とあちらでは、また（気の感覚が）違うんですよ。やっぱりこの場所だからです。その違いがわかったらすごいものです。私は即座に、気を受ける場所、ここはいい場所だな、ここを利用しようとか、すぐわかります。

Layra 本当にすごいです。

ノロ婆 できたら、いい空気、気を受け取れるところを皆さんに知ってもらいたい。お医者様の友達が多いんですが、そういう仕事をしていることもあって、「疲れている……心が癒やされるところはないか」と連絡が来ます。本土の〇〇へ行ってみて。そこに座ってお食事をするだけで、プラスの気をもらえるから、そこへ行ってきてくださいと言います。「とてもよかった」と後から連絡もあって、あのとき先生も鬱になっていたけれど、もう元気になってよかった。

── 日本人は、鬱が多くなりがちなように仕向けられているんでしょうか。

ノロ婆 それはちょっとしたことなんですよ。この人に合った
ものかどうか、やっぱり自分自身が行かないと確かめられない
よと言うのは、人と場所の関係だから。人でもあるし、場所で
もあるし、それはどこにでもあるあれ（パワースポットのよう
なこと）ではないんです。たとえば、自分の中でマイナスに思
っているものがその場所で抜けて、プラスが入ってくるという
流れができることがあります。

　モノでも、これはすごくいい波動があるものだよと私が言え
ば、みんなバーッと買いに行く。その商品を扱う人は、「『先生
がそう言ってたので、求めたいんです』というお客さんも来て
いましたよ」と言ってましたが、プラスがそこに流れていると
いうことです。

　それをどう感じるかなんですよ。自分自身から発せられてい
るものなのか、繋がっての波動なのか。繋がってのプラスの波
動ならば、それを受け取って、どう使うかです。それができな
かったら、宝の持ち腐れだね。縁があった人には、そうなるよ
うに教えます。なるかならないかは、この人が考えて感じて使
うものです。

Layra だから、総合的ですね。地球もそうだけれども、人も
救わないといけないから、生きている人も救わなあかん使命な
んだろうなと思う。課題は大きいですよ。

ノロ婆 私たちはノイローゼになる。鬱どころの話じゃないよ。特に私は、体は自分だけど、何が入ってきたんだろうというときがあるね。Layraなんか、言葉も宇宙人みたいになっているんじゃないか（笑）。それだけ精神力も使うことになるからね。

でも、沖縄の人でも、けっきょくは神合わせできない人もいるんですよ。私は合わせようとするけれど、相手がマイナスの意識だったら合わないんですよ。だから、誰もが合うわけではない。それはやっぱり自分が感じるものだね。私だけが感じるもので、あなたはどうなのかなというのは意識しないといけない。それが重なったタイミングで合わせられるんだからね。

パッと来て、アッ！と繋がってわかる人もいるんですよ。この人はこうなんだなと。これは本当にタイミング。そんなのウソでしょうと言う人もいるかもわからないけれど、あなた方はわからないのに何をぬかすかで、もうそこで終わっている話。

眠りの夢の中で啓示が始まることも
神様からのメッセージは鮮明に見せられる

ノロ婆 何も出ないときがありますね。それは私に付いている神様が、それだけ困惑されてウーンとなっているから。そして、「こう言いなさい、こうしなさい」と来たときに、たまに自分でも困惑するときもあったりしますよ。

体は自分であって、言っていること、していることは自分じ

ゃないという感覚で、自分は一体どこにいるの、私は誰なんだろうと思ったときに、おかしくなるよね。そういう意識に入ったときは、「私は大丈夫かね」と言うときもあるけど、それはそれで大丈夫なのよ。

―― どうやって戻すのですか。

ノロ婆 一瞬ですよ。

Layra メッセージが来たら、「ノロ婆、今こんな感じですけど」と。

ノロ婆 Layra のメールなんか、こっちからこっちまで長文で。

Layra ワーッと送って。

ノロ婆 ああ、来たなと。もう寝なさいよ、今はやりとりしないで。さもないと、ダメよ、と。

―― 大事な体がやられちゃいますものね。

ノロ婆 私もそういうときがあったから。しゃべりたくても、手が言うことを聞かない。ストップしない。伝えたいときは、

自分なのか、自分じゃないのか。

「手をとめて！」と言うときもある。

　受け取る相手が、「何やってるのよ。もう本1冊ぐらい送っているよ」と困惑するのです。「手がとまらないんですよ」と言ったら、その相手は、普通の人だったから「はっ？」と言う。

Layra　私の場合は、降ろされて、書かされていたことを、忘れているんです。

ノロ婆　一瞬だから。それは体験しないとわからない。

Layra　自分の記録を読み返して、こんなことを言っていたのだなと。自分が自分じゃない。記録していることも覚えていないんです。

リョウ　枕元にいつもノートとペンが置いてあって、起きてバーッと書いて、また寝て、また起きてバーッと書いて。「こいつ、何してんねん」と思って、怖かったですよ（笑）。

Layra　自分で証拠をとって確信するしかない。それもノロ婆に、「寝ているときにガーッと来たことを書いてあったら信じるよ」と言われて、自分自身もそう思っています。夢の中に現れることもあって、これは普通の夢じゃないなということが続

きます。

ノロ婆 夢か、幻か、幻覚か、何なのか。でも、鮮明に見せるんですよ。私の最初の感覚は、玉みたいなものをのぞいて、見せている感じ。私、今、映画を観ているの？　これは何なの？と思うときがあったね。

　仏様がいるときは、私の名前を言うから、「なんや？」と問いかえすんです。「これこれ、こうだから」とピシッとかえって来て、「はい」と言って、言われたことをやると、脱力して。ああ、これは前兆なんだなと。

　好きでそういうふうにしてはいないけど、向こうが伝えたいことを伝えに来る。やっぱりそれをこちらはキャッチするんです。

───　それは名前を名乗られるんですか。「我はこういう者である」みたいな。

Layra そうです。この間、菅原道真[*]さんが来て、今の真鶴の家で、残置物も何か欲しいのがあったら持っていっていいからといって、灰皿のようなものが出てきたんですよ。中が花紋の灰皿で、珍しいなと思って調べていたら、そこには代々、お稲荷さんの祠もあるんです（229p参照）。

　でも、開いてしまったら、またワーッと来るかなと思って慎

---

[*]菅原道真：平安時代の貴族、学者、漢詩人、政治家。多彩な顔をもつ文武の天才。醍醐朝では右大臣になるが、藤原時平の讒言により、大宰府へ左遷され没す。その後、左遷に関係した人物が次々突然死や雷に打たれ亡くなり、皇居にも落雷が落ち、醍醐天皇は体調を崩し崩御。朝廷では菅原道真が怨霊・雷神となったと騒ぎになったとされる。

第二録　「神／己の真声を聞かざる」をひっくり返せ！

重にやりながら、でも、お伝えしたら、「順番が来たら、そこを繋ぐんだよ」とメッセージが来た。菅原道真さんが来たので挨拶したら、
「私を好きなように使いなさい。使い分けなさい」と言った。
えっ、どういうこと？　と思って、菅原さんを全然知らないから調べたら、書物を書いたりすることにすごく強い方だった。

—— 文武の才、学問の神様ですね。

ノロ婆　北野天満宮＊に祀られている。学問の神様だから、入試のときに。

Layra　学問ということはあったけれども、すごくきれいな字を書いていたという。私は伝えるのが苦手なのです。でも、それだけじゃなくて、菅原道真が多才だったから、「それを使い分けて使えということ？」と言ったら、「そうだよ」と、言ってきた。
　この間、取材の後にうちのワンちゃんが亡くなった。でも、長寿を全うされたよと神様が啓示をくれたのですが、家族としてはやっぱり寂しいじゃないですか。息子の子どもも生まれたので、破壊と再生みたいないろんな心境があった中、神様のことも、四十九日ぐらいまでちょっと休もうかなと思った。
　そろそろそういったメッセージが来始めたから、何かの知ら

＊北野天満宮：京都市上京区。神紋は星梅鉢紋。菅原道真をお祀りした神社の宗祀であり、「天神さん」と呼ばれる。戦国時代は国を護る神として、また道真公が、文武に優れていたことから「学問、武芸の神様」で広く知れ渡る。怨霊を鎮めるために創建して祀ったと言われ、元々は怨霊だった菅原道真が時を経て、国の守護や学問、武芸の神様へと変わっていった。

せかねと思ったら、沖縄の今回のお話の啓示が来たので、「使い分けるということで使って」という文章をまだインスタとかにも書いてなかったから、力を借りながら、ボンと来たのをまた記録として残しています。

ノロ婆 メッセージはいろんな形で、神様の名前を言ったり。沖縄はヤマトの神様もいるから、沖縄の神様が降りたとき、わたしも言葉がわからない、地名もわからないこともある。

幸せでも幸せと感じられない人は病気
手を差し伸べても動かない人はノアの方舟に乗らない人

Layra きのうも神の島と言われるところに行きました。船で1日に数回、何時に入ったら、何時に出なきゃいけない。その数時間内で、あれだけたくさんの祠からピックアップをして、神が行くようにと言っているところを優先して行くんですけれど、ノロ婆が、
「あそこに先に行くんだよ。誰かに行き方を聞かなきゃね」。
そう言うと、その島のガイドさんが突然現れて、しゃべらされているかのように道順を教えてくれます。

ノロ婆 あのガイドにも（神からお役割が）降りるんですよ。

第二録　「神／己の真声を聞かざる」をひっくり返せ！

選挙じゃないけど、「上陸しました。皆さん、よろしくお願いします」とご挨拶してから、その後、神々のところに通してもらったという感じです。

　神々に頭を下げに行った後、「一通りやることをやって、通してもらったんだな」と思って、感慨深かった。同じ拝みでも、その場その場で違うんですよ。それは自分が感じるものだから。人が感じるものじゃない。やっぱり自分（がどう感じるか）なんですよ。

　船は人を運ぶものだけれど、私たちの持っている（ご神事で創造した）船は、ノアの方舟だね。手を差し伸べても乗らない人は、もう乗れない。手を差し伸べて乗ろうとする人は、ノアの方舟に乗る人たちですよ。

　天変地異が来るから、多くの人を救いたいと思っているけれど、私たちの持っているノアの方舟にどれだけの人が乗れるのか……。手を差し伸べて、つかまった人が乗れるんだな……。そんなことを言ったら、ちょっと悲しいところもあるけれど、きのうの船では、私はそれを思い浮かべた。

　これがノアの方舟だったらどうするか。神様はそういう問題も与えているんですよ。だから、感慨深かったんですよ。南と東で、やっぱり繋がないといけないんだね。

　沖縄は琉球王国、王様の国だから、王様のところにもちゃんと礼を尽くさないといけないんです。私たちはこういうことで来ましたと、話を通さないといけない。

＊ノアの方舟：旧約聖書の創世記に登場する舟。神が人類の堕落を怒って起こした大洪水で、ノアは神の指示に従い箱形の大舟を作り、家族と雌雄一対のすべての動物を乗り込ませ、人類や生物の絶滅を回避した。

そしてオーケーをもらったら、行き先はドンピシャリだった。そこは「愛」というテーマだったからね。

　人間、愛ですよ。人の病気を治すのも、地球を救うのも、愛しかない。心。現代では、その心が薄れていっているんですね。病気になっているんですよ。心が病気でなかったら、もっといい世界がつくれるはずなんです。

　だから、その心を強化して、元気にならないといけないんですよ。そうしたら、幸せを幸せと感じるんです。幸せでも幸せを感じないのは、私からしたら、もう病気なのよ。感動もない人たち。そんなことを言ったらあれかもわからないですけど、生ける屍。何のために生きているのかな、どこに向かっているのかなという生き方をしている人が多い。生きてるけど、生きてるのかなという感じ。

―― Layra さんがよくロボットと言っていますが、自分の意識、感覚もなくて生きている。そういう人はどんどんいいように転がされる。

ノロ婆　言葉を置きかえたら、そうですよ。自分の意思を持たない。本当にかわいそうな生き方だね。何のために生きてるのかね。そういう世界もあるだろうけど、こういう世界もあるんですよ。同じ生きるんだったら、そういう生き方じゃなくて、ここを選んでほしい。どれだけの人がこれをわかってくれるの

第二録 「神／己の真声を聞かざる」をひっくり返せ！

(上、下) ノロ婆と、国の四神を宇宙軸に繋ぐ国四鎮ご神業の許可をいただくために御拝所へ。このあと、「護符に御霊を入れてよい」という許可を神様からいただく (沖縄の某所)

203

か。気づいてくれるのか。早く気づいてほしいんです。

風神・雷神・龍神の合体で大きな神力に！
神パワーの根源こそ愛で、人の助けになってゆく

Layra 風神雷神さんが、ノロ婆のところにずっとグルグル来ているよと言って、先ほどお話しした北野天満宮とか菅原さんも、調べたら雷神と出てきたんです。

ここに来る前に茨城県に行った。それは神様でなく、家具を買いに行っただけなんですけど、すごい光の画像がバンと出てきたんです。すごく異様な光だったのでちょっと気になった。その裏に林があって、そこの方角から光が出ていたので調べたら、そこもヤマトタケル、菅原道真、方位除けに関連する式内社、タケミカヅチさんとか、雷神、地震と雷だねと言って帰ってきました。その帰り、真鶴に着いた瞬間に地震が起きました。

何かメッセージが来ているなと、ノロ婆に話すと、「雷神と風神が来ている」と言う。内地の大事なポイントで、これから大変な病が増えていくから、「神様に祈りに行くんだよ」という話でした。大きな風と雷のパワーで、龍神さんが「痛いの痛いの飛んでいけ」と言って、内地のほうに神力を飛ばして繋げた。

ノロ婆 東西南北、うちの周りをグルグルしている。風が吹い

第二録 「神／己の真声を聞かざる」をひっくり返せ！

て、稲光がして、雨がダーッと降って、「はい、風神雷神が来てるさ。やるしかないよ。もう来ているよ。こことここと言ってるけど」と。これは大きなことだから、一人でやれることじゃないんですよ。大きな神様をこうしてやるということは、やっぱり人手も要る。他の人もうまく使ってね。

Layra　人々の手と足を使わせて。

ノロ婆　一人でやったら大変だ。倒れるからね。やっている途中で何があるかわからない。（他の人も使ってやれという）啓示も受けるんだから。

Layra　きのうの島でのご神事では、夫婦が抱き合っているご神体で終わって、一直線のラインで本土に入っていく。南から東に繋がった。

ノロ婆　あなた方夫婦は神奈川から来ているから、関東に繋がっているわけよ。もう愛でしかないよ。最後に至ったところにあったから、あっちの島は「愛」とうたっていたね。いいねえ、そうだねえと思ったよ。愛しかないさ。

Layra　愛が勝つ。

大難を小難に替える力を一人ひとりがどう積み上げていくか
沖縄ノロ婆から届いた緊急のメッセージ

ノロ婆 愛があれば伝わるんですよ。何が人にとって助けになるかといったら、みんなおカネと言うけど、やっぱり愛ですよ。
「カネがないと、愛だけではダメですよ」と本気で言う。
「私の考え方を侮辱するようなことを言うんじゃない」と言った。もちろん、カネも必要だけど、おカネだけじゃどうすることもできないさ。カネは使い切ったら、もうない。愛は永遠なんだから、信じる心があれば。

—— すばらしい！

ノロ婆 座布団何枚くれる？（笑）
　今、龍神様がすごく来てるさ。私たちを見守っている。上から見守ってるよと言うのは、そうなんだね。物は考えようだ。

—— これまでの教え、すばらしいですね。伝わる人には伝わっていって、受け取った人はまたそこで広がっていく。

自分を見失わず、気づく・見抜く力をどう養うか
ロボット化を阻止！
生身の人間の喜びも満喫しよう

ノロ婆 私が直で知っている人は救われても、私が知らない人は、救われるべき人なのにわからないで救われない人がいるで

しょう。私は一人だから、ここにいて何千人も見られるわけない。いっぱいここに来たら困ると言われているんですよ。

―― 物理的には体は一つなので、そうならないような伝え方を。

ノロ婆 そうするには、どうしたらいいかなと思って。そこですよ。応援してくれている人、皆さんに伝えています。祈ってもいます。繋がっています。でも、そこ以外の繋がっていない人に、ケイタイとか SNS などで拡散するのも、自分が出るのも嫌いなんです。といったら、やっぱり言葉で。「言霊」というぐらいだから。本は言葉を連ねるでしょう。その言葉をその人がどう受け取るかなんですよ。言いようもあるけど、受け取り方もありますよ。
　今の時代だったら、パニックになるようなことはね。コロナでみんなパニックになって、またこれでパニックになったらね。

Layra この（パニックの）波動に負けて、病んでしまうとね。

ノロ婆 それで鬱になった人がいっぱいいます。まだ治らない。ワクチンやらウイルスやらとやっている世の中に、また言葉のそういったものを投げかけたら大変だからね。

Layra でも、知ることで、どうしようとなると考える。

―― コロナは大変なんだよ、危ないんだよ、不安になるよという宣伝がすごくあるじゃないですか。でも、ちょっと冷静に自分で考えてみよう。やっぱり見抜く力というか、気づく力を。

ノロ婆 判断力はつくさ。どっちに自分の身を置いたらいいか。

―― この先、お上（権力を持つ人たち）が言っているからと、ただそのまま鵜呑みにしていいのか。おっしゃったように、自分で感じて、見抜いて、気づいてというのが、これからすごく大事になる。

ノロ婆 すべて気づきの世界ですよ。今にも通じる。病気のほうもあるけど、やっぱり気づかないといけないんですよ。

Layra それぐらいしないと、やっぱり気づかないですね。人間の意識は、それぐらい刺激の強いことをしてロボット化している人間に誤作動を起こさせて、ヤーッと電気ショックをやらないと。

―― ロボットのままでいてほしいという世界がある。でも、ロボットでなく生身の人間として生きたいという人がどう一緒

に気づいて、共有していくかというほうに力を加えて、片やロボットのままでいてという世界がどんどんしぼんでいくような愛の世界に、どうしていったらいいのだろう。せめぎ合っている。でも、ここにたどり着かれて、お話を伺って目覚める人もいらっしゃって。

ノロ婆　目覚めさせようと思って、一生懸命しているからね。どういうふうに持っていったらみんなの意識が気づくかなというのが問題なんですよ。人も閉鎖的なところがあるから、そういうのが私たちのやろうとすることに一番の壁なんです。

　でも、そうも悩んでいられない時が来ているんだよ。地球が危ないということから考えたら、もうそろそろアウトなんです。そうならないためのよけ方を考えないといけない。

　だから、Layra と私たちに、そういうのを多くの人たちに意識させるように啓示するのかなと思っている。「あなた方の使命なんですよ。それをどうするんですか」と、課題を与えられているのかな。

　どう力を入れていったらいいのか、私たちがどこと繋がったら、それができるか。私たちの思想じゃなくて、これは本当のことだからね。ないことを妄想で言っているんだったら……。

Layra　ヤバいですよね。

―― お話をうかがって、ここまで壮大な妄想はない。リアルなお話です。

ノロ婆　妄想ととる人もいるからね。あなた方の世界でそう言っているんだと、批判する人もいますからね。

　ただ、悪いことをいいことに変えようとする、チェンジしようとする人は、やっぱり批判されるんですよ。このままでいいんだよと思う人もいるから、人は反対派と賛成派に分かれる。何でも二通りあるからギスギスする。

「大丈夫ですよ。やってください」というのがあったら、すんなり通れるさ。神様は通してくれるけど、通さないのは人間なんです。反対、反対と言っている人たちが、いざ何かが起こったら「ヘヘーッ～～」と我先に逃げるもんですよ。

　でも、「あなたは後でしょう。何も考えなかったから」とは言えないさ。だから、そういうのもよく考えてしないといけないということなんです。

　だから、そばにいる人が、それをわからないといけない。何やっているのと思うでしょう。うちなんか、「待って。1日と15日は私に何も言わないで。私がやっているときは何も言わないで」と、子どもにも「ストップ」と言う。終わってから話をするからね。それは、子どもにもかわいそうだった。(神様ごとの世界は) そういう世界なんですよ。

第二録 「神／己の真声を聞かざる」をひっくり返せ！

　だから、お家に帰って一生懸命ツムツムをやっているの。息子が「お母さん、何やっているの。疲れているから寝なさい」と言うけど、ツムツムしないと寝られない。人間の部分も持たないとね、これ（神様ごと）だけだったら意識が保たれないよ。

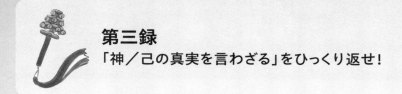

第三録
「神／己の真実を言わざる」をひっくり返せ！

宇宙天／神様方の啓示はこうして降ろされる

霊媒巫女が行う秘儀「国難回避」と「真我開発」の舞台裏

本録は、2023年5月16日、鎌倉の宇宙巫女 Layra の祭祀場にて
著者にインタビューしたものを執筆編集してまとめたものです。

解読に 1 日かかる啓示降ろしと
ノアの方舟に乗る人への護符・御霊を渡すお務め

―― 降ろされたメッセージを解読するのにどれぐらい時間がかかるのでしょうか。

Layra 単語で断片的に言ってきたり、クイズ形式で言ってきたりするので、「だから何なの？ それだけ？ そこをもっと詳しく教えてください」と言うと、またボンと言葉が一つ来るという具合です。

それを調べると、たとえば忌部に関する記事がボンと出てきて、どんな内容なのかがわかり始めて、輪郭が浮かんできます。そういう隠された歴史が、今に繋がっているんだねというように。そのように理解して腑に落ちるのに、だいたい 1 日かかったりします。

その全体像がわかってくると、さらに「次は〇〇に行きなさい」という言葉が降りて、現場に行った後、「こういうことがありました」と報告するという流れです。

世の中に起こりうる危険な事象を回避させるためのお告げがあるのです。書記（出版の件）もそうです。「繋いでいったら書記（執筆編集者）が現れるよ。あとは書記だね」

と。

　私は三種の神器を龍口明神社でもらいました。これを人々のために使いなさい、後でわかるからというところから始まって、私は勾玉を受け取り、主人が鏡の羅針盤です。もう一人、寺を継ぐという女性が剣の候補になります。

「あとは書記だよ」とノロ婆にも同じことを言われてから、ヒカルランドさんにお会いしました。最初の出会いのときは流れましたが、再会して力になりますよということで、出版のお話が具体化したのです。

　解読に１日かかることもあるので、「それをどうにかして」と神様にお願いしていました。それで、「書記」が現れたということは、言葉を活字にして広げるということで、世の中に公にして繋ぐ役割が出てきたと思うのです。私も、あれもこれもできないし、時間も間に合わない。祈りに行っても何日もかかって、この祈りをまた解読するという具合ですから、なかなか手が回らない状態です。

「神様、私は伝えるのが下手だから、一番何を伝えてほしいですか」と聞いたことがあります。そうしたら、私がやってきたことで、よくなったこと、回避できたこと、それを功徳というようですが、祈って、神、仏のことをやることで、「こうなる」ということを先に伝えてくるから、私は来られた人にその内容をお伝えします。その人はその通りにやればうまく回避できる。

本当はこっちだよと来ているけれども、現実問題、占術に頼りきったり、その方の我が入ってしまったりで混乱するのです。

沖縄でノロ婆が言っていた、天鳥船のノアの箱舟に乗り込むための護符・御霊を、皆さんが神様のことをわからなくても、私がやっている内容を伝えてお渡ししなさいと。

昔は神棚、ご先祖様に手を合わせたりしていたと思うのですが、現代は核家族になってわからなかったりします。私がその繋ぎの役をすることによって、たとえば行っていい場所や避けたほうがよい場所などが、わかるようになってくださればと思います。私の先祖の忌部はそういったことを天皇家にお伝えしていました。

 ## 我事だけに振り回される人に国は救えない
神業口伝術、真実体感センサーをいかに磨くか

――　予言というより予測して、「ここは避けたほうがよろしいですよ」と口添えをされる方で、それによって国難を回避されたり、日本の国体が揺るがないように、よりよい方向に導く。古代の大連（おおむらじ）の方々は、そのようにして国のトップをサポートされていたのでしょうね。鎌倉の Layra さんの祭祀場に直接来られる方は、Layra さんと一緒に開示するお役割があるから、ここに呼ばれるということでしょうか。

Layra 来られる方でも、現実のお悩み相談で終わってしまう方が多いのです。お金、パートナー、職場のことなど……人生相談についてはまた別の手法があって、それは真我開発と言います。潜在意識、顕在意識に同時にアプローチしながらやるものです。

ご自身のお悩みについては、少人数で鎌倉周辺を巡るリトリート開催のときに、昼間に時間を設けて、自分の内観を繋ぐ、その真我開発をやります。自分で答えが出てきますから、「こうですよ」「こうなりますよ」ではなくて、自分が内なるものから答えを見出していくという方法なのです。

護符・御霊については、「これから開示ということで、皆さんを守ってくれることになるから、求めたい方は求めてください」と、別の時間枠をつくってお渡ししています。順番に座ってもらって、祓え、清め、祝詞して、祈禱をして、お線香に火をつけて繋ぐのです。そして、神様とその場に来られた人たちを繋げて、ご神託を降ろして伝えます。

―― 人生の問題に向き合うためのワークもされているのですね。でも、先日沖縄でお話ししたように、そこは入り口、あくまで我が事なわけで、我事への無礼を正すということですね。しかし、そこだけに留まったまま、前に進まない人もいるのですね。

第三録 「神／己の真実を言わざる」をひっくり返せ！

(上) 6の神事でノロ婆と呼ばれ龍口明神社へ (中、下) 目がたくさんのインドラの神がノロ婆に取り憑く。このあと7、8の場所が繋がりノロ婆は踊り出すことに

Layra　多いですね。

——　それをどう光に繋げて利他に広げていくか、なのでしょうが、我が事をある程度クリアしないと次のステップには行けない。お悩み事の話はお聞きします。でも、本来はそこが入り口であって、そこから先、光のネットワークで繋がって一緒にやりたいというところなのでしょうね。

Layra　お悩み事だけを全部拾っていたら、人生相談で終わってしまう……。

——　だから人生相談を中心に請け負う霊能者の方もいらっしゃいます。

Layra　私も見ていた頃はあります。でもそれはイタチごっこで、自分によくないことを言われたりすれば、次はこっちの先生となったり……。

——　自分軸がぶれているから、幾らでも答えがその都度ぶれてしまうということでしょうね。それでまた、別の霊能者の方に聞いてという感じなのですね。

第三録 「神／己の真実を言わざる」をひっくり返せ！

Layra 私は、そういう方には「ほかに行ってください」と今は言う。ノロ婆と一緒です。

　私たちのやっていることは、自分を立たせてそれが祈りとなる。それに私たちは、教科書もないし、すべて口伝なのです。「これを見て感じて、どう思う？」と言葉でやりとりをする、自分のセンサーで感じる体感型です。そこから本気に感じられるものだけをやっていくのですけれど、なかなか難しい。

　でも、大難を小難にするためには、本当のことをきちんと学ぶ。本当のことはすぐには見えないようになっているのです。ノロ婆も、

「それも業の一つなんだよ。私たちもそこまで一々説得しているほど時間がないから、ほかへ行きなさい。けっきょく本当の人たちが残るよ」と言っています。

　今、そうした本当の人たちこそ必要で、神様は呼んでいるのです。ノロ婆も、足が痛くても、裏のご神事で全国にお務めに行く。やっぱり現実問題、遠征にお金はかかりますし、大体の人はリタイアしてしまうのですが……。

―― その本当の人たちが残って気づいて目覚めさせるために、ノロ婆やLayraさんの神様ごとのこともあるのですね。

221

宇宙天／神様方の啓示はこうして降ろされる
霊媒巫女が行う秘儀「国難回避」と「真我開発」の舞台裏

 ## 「神様ごとの学校」の師匠（ボス）ノロ婆の教え
霊的アイテムも磨けばバージョンアップする

Layra 私たちは、裏で隠れてやってきているものだから。人々は、有名な人やすごい神社など、そういったものにやはり流れがちになるでしょう。今、そうした情報があふれて、いろいろ人々も翻弄されている状態でもあります。

　そんな中でも、本当の自分、本当の神様に気づいて繋がった者たちが少しでも増えていければという思いでおります。

——　有力な神霊に繋がったと言っても、人間本来のあり方から外れていけば、けっきょくは闇落ちして悪魔に利用されるというお話を聞いたことがあります。だから本当に自分を律して、自分軸をしっかり持っていないと、パッと持っていかれて闇落ちするのですね。

　ノロ婆と一緒にやってきて、先日の沖縄（第二録）では「（神様ごとの）学校みたいな感じですね」なんてお話ししましたけど、あともう一人の方は、叔母様がお寺の方で、その人は剣を持つ候補の女性なのですね。

Layra 最初はまだヌンチャクと言われていたのです。ノロ婆には、

222

「自分の中で現実にやらないといけないことを終わらせて、何でここに呼ばれているのかわかるか、これからのことを自分で決めなさいということ。それを磨いて磨いて、ヌンチャクから剣に変わっていくんだよ」と言われていました。

その1年後、その女性はまた沖縄入りできた。もうだいぶ勘をとれるようになってきているので、その女性も現実にさよならをした。ミュージシャンなのですけど、10年やっていたことをやめて、叔母さんはお寺ですが、そちらを継ぐように動いています。

―― ある意味、お寺はそういうことを伝えていく場としてはすごくいいのかもしれませんね。歌というのも、これまでと違った新しい表現の仕方でお伝えできる方法を見出されることになるかもしれませんしね。

Layra 今回はその女性にメッセージが降りてきて、私も5月の沖縄に一緒に連れていかなきゃと感じたのです。その女性から火おこし（始まり）があり……書記さんをノロ婆にも引き合わせることに繋がりました。

「備蓄、養生せよ」の啓示で身近に生死を見る体験／その時、石川の地震で地のエネルギー放出を体感

　沖縄に行く前まで少しブランクがあったのですが、そのときに「私は何をしたらいい？」と神様に聞いていたら、「備蓄しておきなさい」と言われました。

　神奈川の真鶴で家を借りられることになって、「使っていない畑があるから、使っていいよ」と言ってもらえて、ご神事をしながら、畑とか家庭菜園を始めていました。

　真鶴で借りたお家の前には天皇社があります。地元の方は皆さんは、天神さんと言うのですが、スサノオさんが祀られていて、蛙の石もポンと置いてある。その天皇社でもすごいメッセージが降りてきていましたが、そこでも「何したらいいの？」と聞くと、「養生しなさい」と言われていました。今は、休みなさいということで、その期間、真鶴でも家族とワンコとみんなでゆっくり過ごせました。しかし、その後ほどなくして、ずっと昔から飼っていた家族の一員のそのワンコが死にました……しかし、さらにその後、孫もできて。生と死が一気に目の前に現れました。

　真鶴のお家にお稲荷があり、10代続く大神田氏という氏族のものであったとのことで、調べたらお酒をアマテラスにつく

第三録　「神／己の真実を言わざる」をひっくり返せ！

ったり、お食事を担当していた氏族が出てきました。

　だから、このお稲荷さんは大事にされていたと思います。わたしはお稲荷さんも扱っているので、そろそろ神様を開いてメッセージを降ろすときかなと思って、ご挨拶させていただいたのです。そうしたら、諏訪とここ真鶴でポータルが繋がっているというメッセージが来ました。

「私は何でここに来たのか」と聞いたら、「ここでもご神託を降ろすことになる」と言われました。

　真鶴には、子之神社があるのですが、そこの宮司も饒速日の末裔で、この家の存在をお知らせしてくれた人だったので、これは上が何かを伝えてきているなと思いました。真鶴は、関東大震災でも大丈夫だった場所だそうです。

―― 　根府川という駅が、震災でホームが崩落するほど大変な影響を受けたようですが、それでも真鶴は大丈夫だったのですね。

Layra　唯一崩れたのは真鶴半島の福浦海岸の龍宮城[*]で、私の家があるのは福浦です。真鶴半島の根元に位置します。すぐ歩けば真鶴で、福浦は鶴（真鶴）と亀（亀ヶ崎という場所もある）になります。昔は海の中に龍宮神があって、「ここに龍宮城があったんだよ」と子之神社の宮司さんに教えてもらいました。

[*]真鶴の龍宮：真鶴半島の福浦カツラゴ海岸に「龍宮岩（龍宮の鼻）」と呼ばれる巨大な奇岩があり、龍宮信仰の対象として地域の人々に親しまれてきた。

このあたりを歩いて、忌部からのメッセージや神様から、諏訪のミシャグジ神（蛇の夫婦）という言葉を受け取り、真鶴と諏訪がポータルで繋がっていると感じました。真鶴と福浦、繋ぎにいった富士山、そして諏訪、石川と繋がって連なっているのです。

　2024年1月に石川県で地震がありましたが、石川は菊理姫がご祭神の白山信仰があり、そちらからメッセージは来ていたのですが、行く機会を得られなかった。それで、その地震によってエネルギーが抜けたように感じます。そして、ここのライン上では諏訪が今後、大事なポイントであると感じています。

 ## 地震を抑えてくれている九頭龍にも異変あり
伊勢の火おこしで「出動せよ」のサインが

Layra　3月（2024年）には、箱根の九頭龍神社の鳥居が崩壊しました。

―― 九頭龍神社の本宮ですか……。

Layra　奥の本宮の鳥居が倒れて壊れました。

―― なぜでしょう。

＊九頭龍神社：芦ノ湖畔の九頭龍大神誕生の聖地に鎮座する九頭龍神社本宮。金運、開運、商売繁盛、縁結びにご利益がある龍神様で、全国から参拝者が訪れる。奈良時代、箱根大神の神力を得た万巻上人が、村人に害を及ぼしていた九頭の毒龍を改心させ、芦ノ湖の守護神・九頭龍大神としてお祀りしたことに由来する。

第三録 「神/己の真実を言わざる」をひっくり返せ!

(上) 真鶴の津島神社。烏天狗がいて迦楼羅 (かるら) に変幻! 迦楼羅は八大龍王であり、倶利伽羅大龍不動明王 (左下) 真鶴半島の海岸。一帯に忌部が流れ着いてその祖先の三木姓が多い (右下) 真鶴近辺には、古代より石材業も盛んで石工職人も多い

227

Layra このところ地震が多くありますが、九頭龍の龍神さんが守ってくれている状況にあると、ノロ婆と話していました。人心への警鐘が高まっているのでしょう。長野の戸隠山にも九頭龍が祀られているのですが、「こちらにも来て、ご神事で繋げ」と言われています。

　私はインスタのストーリーに記録をすべて残すのですが、地震が頻発して起きているときに「火をおこしたい」とストーリーにあげていたのです。

　このとき同じタイミングで、剣を持つ候補の女性が、歌公演を無事に終えて、そのお礼参りに伊勢神宮に一人で行ったとき、私にお土産を買って来てくれた。それが火おこしの道具でした。

　その女性は、本当は神様に呼ばれていて、すぐに沖縄に行かなければいけなかったのですが、最後に夢の武道館公演が控えていたので行けませんでした。

―― 武道館で歌う？

Layra 武道館を目指して頑張っていましたから。沖縄行きは、「きっと神様が調整してくれるね」ということで。それが終わってからしばらくして、「沖縄入り、そろそろですかね」と、5月に本人から連絡が来たのです。そこから、書記さんとノロ婆を会わせること（第二録）にも繋がっていくので、まさに火おこしでした。

私が富士山に木花開耶姫と磐長姫（9の姫）を戻しに行ったときのお話を前でも触れましたが、そのときに繋いだ場所の杓子山からすごい風が吹きました。杓子山自体がご神体なので、ブワーッと風と木の葉とかが舞って、伊勢の度会(わたらい)という啓示がそのときボンッと来たのです。そこを何かと「繋いで」と言っていると思いました。

ノロ婆に連絡して、「伊勢の度会に何かと繋げと言っているけど、私はまた伊勢まで行くの？」と言いました。啓示はそこ止まりでしたが、剣の女性が替わりに飛ばされて伊勢に行って、火おこしのメッセージを持ってきたのだなと思いました。こんなお土産はなかなか売っているものではないでしょうから。

菅原道真が「僕に繋がれ」と言ってきた理由
降りてきた記録を世に残すための応援サポート

そろそろ沖縄に入るから、私もまた神様のメッセージが来るなと思っていたところ、真鶴の家の大家さんから「欲しいものがあったら持っていっていいよ」と言われて、タンスを開けると、家紋入りの灰皿みたいなものが出てきたのです。

そのマークにすごく興味を惹かれました。桜の花紋のようなものがあって……。

―― （見せてもらう）それは桜ですか、梅ではないんだ……。

Layra 梅かな。梅だ！

―― 菅原道真とおっしゃっていましたよね。菅原道真と言えば梅ですね。

Layra 菅原道真さんがそのとき降りてきたので調べていると、雷神が一緒に降りてきました。さらに、源頼朝さんの顔と北条さんの顔もボンと出てきたのです。菅原道真さんなのに何でほかに２つの顔を見せるのか。「この家紋は何を伝えているの？」と。

―― 菅原道真が亡くなってから、怨霊でいろいろするので神社になった。そのときに、道真を追い込んだ人に雷が落ちて亡くなったりとか、皇室ゆかりの方も雷神にやられて崩御されたり……。菅原道真は雷と一緒なので、まさに「私だ」とおっしゃっているのではないでしょうか。菅原道真は源頼朝や北条家とも繋がっているのですね。

Layra そのころ、あれ？　と思って、ノロ婆が「Layraも、ワンコのこととかそろそろ心の寂しさはとれたかい。あんた、本のほうはどうなっているんだい？」と連絡が来たのです。

＊『地球人類を誕生させた遺伝子超実験』ゼカリア・シッチン著

第三録　「神／己の真実を言わざる」をひっくり返せ！

「神様にちゃんと正しく動くように祈っているから、あんたも祈っておきなさい」と言われた。そうしたら、次の日に書記さんから連絡が来たのです。

　そういえば書記さんは、シュメールの本も担当したとおっしゃっていた。この本を探しに行ってみよう……。そこで、思い出したんです。4〜5年前に、シュメール*という言葉が響き渡って天狐さんが初めて現れたときのことを。そして、この本を手にして、「神々って宇宙人……」という感覚を思い出したのです。

　それから、さらに菅原道真さんを調べていくと、「何を言っているの。私を使い分けなさい」と言ってきたのです。使い分けなさいというのは、いろいろな能力を持っているの？　と思って、聞いてみたら、文学、歴史、儀式、宗教、祭祀、その他、雑学、あらゆることに精通していた……。

―― そのようですね。政治に限らず、文人、学者と多才な方であったと。

Layra　私はワンコのことでお休みしていたので、お休みしていると人間に戻る感じで、時間が経って時空が変わっていた。それで、「書かなきゃヤバい。ああ、そういうことで『僕に繋がれ』と菅原道真さんは言っているのだな」と思っていると、書記さんから連絡が来たので、降りてきたことをやはり記せと

＊シュメール：古代メソポタミアの南部地方（現イラク共和国南部）に起こった世界最古の文明とされる。都市国家を建設、楔形文字を発明、超高度な文明を築いたと言われる。日本語とシュメール語に共通項がみられ、深い関係を指摘する学説もあり。「宇宙人アヌンナキがこの地に降りて、人間を創成した」というゼカリア・シッチン著作群は世界的なベストセラーに。

231

言っているのだなと思いました。

―― 最初の取材インタビューだけでは、確信に至っていなかったということですね。あれだけではよくわからないし、そこからの続きの話もして書きなさいということなのですね。菅原道真さんが出てきたきっかけは、先ほどおっしゃっていた真鶴の家でしたね。

Layra 真鶴のお家にお稲荷があって、菅原道真さんがボンと出てきて、その灰皿のようなものなのが出てきたので、これはメッセージだと思ったのです。
　メッセージをよく送ってきてくださる空海さん、菅原道真さん、小野道風＊先生は、文武にすぐれていました。

空海や吉備真備の厳しい指導で
裏神業の黙示録を開示する動きを加速

　私は先祖の忌部に繋がる真鶴に住んで、四国の忌部、さらに四国でお生まれになった空海が何か手配してくださっているのだと思ったんです。そう感じていたら、４月に四国で地震が起きた。震度６ぐらいだったのに、それほどの被害もなくて、さすが空海さんのお力だと思ったのです。

＊小野道風（おののみちかぜ／とうふう）：平安時代前期から中期にかけての貴族・能書家。

第三録 「神／己の真実を言わざる」をひっくり返せ！

―― 空海さんからは、1字たりとも間違えるでないと言われているのですよね。

Layra 「大難を小難にするために、お前に付いているから黙示録を一言一句間違えるでない」と言われて、初めて黙示録を調べ出したのです。

　そうしたら、そのとおりに人々が現れて、鎮魂だったり、学びに行かされたりしているので、先代旧事本紀の黙示録を著した饒速日から、リアルに私たちがロールプレイングゲームのように動かされているのだなと思い始めました。

―― リアル黙示録の体現をされているから、本書の内容は、本当に大難を小難に繋ぎ替える裏神業の黙示録のイメージ、まさに神からのロールプレイングゲーム＝裏神業の黙示録ですね。

　いろいろな神様が出てきて、この神様たちが後ろに付きながら、縁を繋いでいくことによって、大難をよけたり避けたりしながら、さらに、そのことに気づいた人を引き上げるように動いていますね。

　そう意味で本書は、ライトワーカー／光の御使いさんたちが気づくためのスイッチボタン。本書を読むことによって、我が事だけでなく、少しでも周囲に光を与える存在になる。それが日本と地球を引き上げて、大難が小難に繋がるというリアルなロールプレイングゲームの追体験録。追体験することによって

233

覚醒していくという感じでとらえていただければ。

　菅原道真さんや空海さんたちが現れて、いよいよ「書きなさいよ。私たちも付いているから、成し遂げよ」ということなのですね。

Layra　「私たちを使え」と。

――　空海さんと菅原道真さんが、家庭教師のように付いている感じでしょうね。

Layra　毎回そうなのです。それで、ご神事をなんとか成し遂げているんです。どうにか（必要な）人が集まったり、鎮魂のご神事もそうですし……。

　また、吉備真備も来ました。吉備真備は超怖かったのですけれど。私はインスタをやるとき、周りの人は普通に暮らしている人たちだから、伝わるように、興味が湧いてもらえるようにと思って、難しい内容もアイコンを使ったり、ちょっとギャグ的なことを入れてストーリーとかに上げたりするのですが……。

――　やり過ぎると、注意されるのですか。

Layra　「もっと真剣にやりなさい」と言ってくるときもありますので、「じゃあ、何て伝えたらいいのですか？」と聞くと、

第三録 「神/己の真実を言わざる」をひっくり返せ！

（上）ケプリ神。エジプト神話における太陽神ラーの形態の一つで日の出を表す（中）吉備真備。陰陽道の始祖とされる。聖典『内伝』を日本に招来し、のちに安倍晴明に授ける。（下）ヤマトタケルの神使いは、シラサギ。白鳥伝説のオオハクチョウに由来

235

ボンと見せられて、伝え方の指導もしてくださいます。それを書いたら、次は納得されて大丈夫でした。神様にもそれぞれ性格がありますね。

──　度が過ぎなければ、Layraさん流でいいのですよね。あまり深刻めいても怖いですから。

Layra　（周りからは）儀式だけ見ていても怖いと思われていますからね。

 ## ご神事をやる者に認められた神様からの実印
その御紋を玉手箱に入れる裏神業の秘儀

Layra　ご神事で神様と繋がるために、とても重要な道具があります。それは、私たちがそれぞれノロ婆から受け継いでいる玉手箱のようなものです。上の神様たちから、水戸黄門の「この紋所が目に入らぬか」の葵の御紋のようなマークを入れる玉手箱がボンと降りてきて、玉手箱の中に、それぞれに降りてきた御紋を入れるイメージですが、その御紋は神様に繋がるための大事な実印なのです。

　その御紋は、本当に神様に許可を得ている人だけに降りてくるもので、その御紋がなければ神様は願いを通しません。それは単なる認印ではなく、「このマークが私の御紋です」という

正式な実印で、祭祀をするときには、神様に繋がるために必須の印です。その御紋を（玉手箱に入れて）お認めいただくと通してくれて、その後に何か大事なメッセージがボンと出てきたりします。

　前にも触れた剣の候補の女性は、1年前のご神事のときに、途中で（玉手箱が）割れてしまった。私も今回（第二録）の沖縄のご神事で割れたのですけど、割れるというのは決して不吉ではなく、逆に次の段階に開くということ。ノロ婆たちも、幾つも（玉手箱が）割れて替えてきたことで、新しい段階に進んできたのです。

　その女性も1年前に割れたので、神様が次の段階を認めてくれたから、次は（新しい玉手箱に）御紋を入れることになる。しかし、まだ（玉手箱に）御紋は入っていないから、早くしたほうがいいよと言われていました。前でも触れたように、（歌の世界での）現実の問題もあって延び延びになっていました。武道館入りも無事に実現して、腹も決まり、今回、5月に沖縄に一緒に行く運びになりました。

ヤマトタケルから
「あなたのエネルギーをいただいた」
茨城の地震を抑えるために降りてきた言葉

　2024年、5月に沖縄に行く前の3月、真鶴の家で使う家具

宇宙天／神様方の啓示はこうして降ろされる
霊媒巫女が行う秘儀「国難回避」と「真我開発」の舞台裏

を買うために茨城県に向かったときのことです。「あれ、ここに来たことあるな」という風景に出合いました。

そういえば、コロナが始まる直前、鹿島神宮のタケミカヅチと香取神宮の経津主 大神に、地震を抑えるために呼ばれたことがありました。

そんなことを思い出しながら、家具屋に着いて動画を撮っていると、不思議な光が映り込みました、そして、茨城から帰るときには、ものすごく体が重たくなってしんどかったのです。そして真鶴に着いた瞬間に、私たちが行った茨城で大きめの地震がありました。撮れた光の動画を見直すと、家具屋の後ろに林があって、その方角に、何かあるなと思って「あの光は何だったの？」と、天に聞くと、「ヤマトタケル」という答えが返ってきました。

「この光は、私に何を伝えているの？　地震が起きたけれど」と聞くと、

「あなたのエネルギーをちょっとだけいただいた」と言ってきた。

ヤマトタケルはさらに、「吉田、吉田、吉田」と大きく響き渡るように連呼しました。何だろうと調べたら、その林の中には、なんと吉田神社がありました。ヤマトタケルが祀られている式内社というのでしょうか。

―― 常陸国第三宮ですね。

＊鹿島神宮：茨城県鹿嶋市宮中。全国にある鹿島神社の総本社。創建は紀元前660年との言い伝えで、日本最古の東国三社の一つ。ご祭神は武甕槌大神（たけみかづちのおおかみ）。天照大御神の命を受けて香取神宮の御祭神である経津主大神と共に出雲の国に天降り、大国主命と話し合って国譲りの交渉を成就した。雷、剣、相撲の神、地震の神として崇められている。

第三録 「神／己の真実を言わざる」をひっくり返せ！

Layra 「弟橘」とも言ってきたのですが、後でまた何かと繋がるだろうなと思っております。

—— 弟橘*（おとたちばな）は、ヤマトタケルの妃ですね。また大きな地震を抑えるために、あなたのエネルギーも少し拝借しますよということでしょうかね。

Layra そうなのかもしれませんし……あとはここがすごく大事な場所で、このような地震が茨城で起きたから、皆に気づいて来てほしいのかもしれません。ただこれを文字で残しておこうと思って、お話ししました。地震も起きて、すごく大事な場所だろうから伝えておいたほうがいいのかなと。
（＊このインタビュー後、6月、7月に沖縄入りしましたが、弟橘＝天后様の神事で呼ばれていることがわかりました。目的は、「海上の保安」に関するもので、日本、台湾近く、本州北端八戸、長崎、神奈川、東京、茨城など、弟橘とヤマトタケルが祀られる36方位を中心にそれぞれの場を繋ぎ護るためのものでした。海上で起こりうる大難を小難に抑える神事でしたが、その後、南海トラフに関連した地震、中国軍機の領空侵犯、かつてない進路の台風などが続いています）

＊香取神宮：千葉県香取市香取。全国にある香取神社の総本社。創建は神武天皇の御代18年とされ、ご祭神は国譲りにも登場する経津主大神（ふつぬしのおおかみ）。新たなスタートを切るための「決意を固める場所」としても有名で、道を開くお力添えがあるとされる。
＊吉田神社：茨城県水戸市宮内町。ご祭神は日本／倭建尊（ヤマトタケルノミコト）で、ご東征の際、近くの藤柄に船を繋ぎ、境内の朝日山に布陣したと言われる。創建より800余年とされる。
＊弟橘：日本／倭建尊の妃。ご東征に同行し、浦賀水道の暴風で船が進まなくなったとき、海神をなだめるため海に身を投じ、風を鎮めたといわれる。

239

宇宙天／神様方の啓示はこうして降ろされる
霊媒巫女が行う秘儀「国難回避」と「真我開発」の舞台裏

エジプトの女神セクメトが現れる
ライラン種族からの超高度なエネルギー御言葉

Layra 太陽からセクメト*が降りてきました。5月に沖縄に行くスケジュールについて、ノロ婆と電話で打ち合わせしていて、日にちを決めようと言っていた直後に、バーンとメッセージが来たのです。

「光と陰が重なるとき。

　それは、火水(カミ)と神をあわせて、

　神と交わり姿を現すとき、

　天と地が繋がるとき、

　すべてその流れに身を委ね神に捧げるとき、

　光となって現れる。

　一寸の狂いもなく、光の渦となり得る」と来たので、

「あなたは誰？」と聞いた。私は太陽からのメッセージが来ることも多いのですが、

「光の道しるべ」と来て、光の一団の使者と言ってきました。

　私が宇宙のLayraと繋がったときのエネルギーとすごく似ているなと感じていたら、私の内にある太陽の中からずらずらずらとメッセージが始まったのです。それを残しました。

（録音の声）「姿は違えど、あなたは私なのです。琴座（琴平）……。姿を現したのは私でした。ようやく光の者たちと姿を現

＊セクメト：古代エジプトの女神。ライオンの頭をもった女性の姿で表される。戦闘・恐怖の女神である一方、人々の病を快復させ安らぎを与える癒やしの女神でもあるとされる。

240

します。よくぞここまで来てくださいました」

　それで、このような顔がバーンと見えたのです。

────　ライオンじゃないですか。

Layra　髪が長くてライオンのようで、アバターの女の人のような……。お顔は青っぽい感じで光っていて、でも猫みたいですし、ライオンにも似ているし。

────　セクメトだとおっしゃった。

Layra　そのときに「あ、Layra？」と思ったら、「ライラン」と言ってきたのです。それで「ん？」と思いました。何かエネルギーを調整して伝えてきなさい。「アチューメント、アチューメント」と来た。

　そういったエネルギーでライランはそのことかなとも思って、また詳しく意識を繋げていたら、ライオンも来るし、こうしたお顔も来るから、リアルに残しておこうと思いました。

　（録音の声）「契りを交わした者たちが再び目覚めます。完結しますが、そうお伝えください。喜びとともに」と続きました。

　心臓が飛び出そうなぐらい久しぶりの高いエネルギーだったので、私がしゃべっているようで、しゃべっていない状態になりました。だから、書き記していたら無理だと思って、その人

241

宇宙天／神様方の啓示はこうして降ろされる
霊媒巫女が行う秘儀「国難回避」と「真我開発」の舞台裏

がしゃべっていることを声に出して残したのです。

―― それはトランス状態で、自分の意識が遠のきそうな感覚でしゃべっている。

Layra はい。「ライラン？」と思って調べたら、ライラン星というのをリラと配信されている人もいる。ラアンと別名を言ったり。そして、この人（エレナ・ダナーン）が出てきたのです。

―― エレナ・ダナーン[*]は、ヒカルランドでも本が出ています。

Layra この人がライラン種族のことをSNSに上げていたのです。

―― ブルーエイビアシのことも触れていますけど、繋がっているのですね。

Layra これは復活することを言っているのかもしれません。

―― Layraさんは、こちらの宇宙種族の意思も酌みながら動いているのですね。それに呼応するようにいろいろな神様が応援しているという状況で……。ブルーエイビアンは、宇宙種族

＊エレナ・ダナーン：考古学現地調査研究員。パリの美術大学（エコール・デ・ボザール）卒業。エコール・ドゥ・ルーブルで考古学の博士課程修了。フランス国立科学研究センターよりエジプトに派遣される実績がある。宇宙人に関する著作も多く執筆。

の中で、どういう存在なのですか。

Layra ライラの次に動いてくれる人です。地球では記憶を忘れているから、仲介して地球の人たちに話をしてくれているのです。

―― いろいろと活動してくれるのはブルーエイビアン。ブルーエイビアンは仲介で入ってくれているすごく重要な存在で、ライラ、リラ（ライラン）星の神様とも繋がっているという……。

Layra 私たち人間に、宇宙種族からしゃべってきていることを気づかせるために、次元を上げさせるようしているのだよと、しゃべってくるのです。

―― 次元を上げないと聞けないし理解できませんものね。

Layra 「姿を現す」としゃべられて、調べたのです。ライラ、琴座の中でもラアニ種族と言うそうです。ラアニと言ったり、ラアンと言う。猫のようなライオンの顔で、エジプトの女神セクメトはライアーニの代表的な一人です。

＊『110の宇宙種族と未知なる銀河コミュニティへの招待』

宇宙天／神様方の啓示はこうして降ろされる
霊媒巫女が行う秘儀「国難回避」と「真我開発」の舞台裏

日本の地震は「バヌアツの法則」に注視せよ
不条理な世を火であぶり出し揺るがし更地にする

Layra　このメッセージをもらった前の日に、四国の愛媛で震度6の地震がありました。これは何かに繋がっているなと感じて、この地震は、人工なのか何なのかと、天に聞いたのです。そうしたら、「バヌアツ*」と返ってきました。

――　バヌアツは南太平洋にある国ですね。

Layra　国だと思ったら、このときにインドネシアのあたりで噴火も起きているのです。

――　愛媛であった地震の連なりに関連して、インドネシア、バヌアツあたりでも噴火があったのですか。

Layra　あったのです。「日本、インドネシア、バヌアツが連動しているということ？」と思って調べたら、「バヌアツの法則」というのがあって、インドネシアやバヌアツが噴火や地震に見舞われると、日本で地震が起きるというような内容でした。
　このことでライランが何か言っているなと感じて、セクメトのことを調べると、「ふだんはとても優しく、叡智をシェアし

＊バヌアツ：バヌアツ共和国は、オーストラリアのケアンズの東約1,800km
　に位置し、約80の島々が南北約1,200kmにわたり点在する群島国。1980年
　7月、74年間の英国とフランスの共同統治から独立。

244

第三録 「神/己の真実を言わざる」をひっくり返せ！

てくれるのですが、火を持っています」

―― 伊勢の度会でいただいたお土産の火おこしも暗示しているかのようですね。

Layra さらに調べると、「火はあなたに悟りを与える火となることもありますが、火はあなたの不純を燃やす方向にも使われます。敵を破壊する力を持っています。不誠実、尊重しない人には厳しいです。容赦しません」とセクメトについて書かれていたのです。セクメトも、ラアニのように、猫やライオンの顔姿です。
「バヌアツ」という啓示は、インドネシア、バヌアツで噴火があって、四国に繋がっているよ……そこにセクメト神も絡んでいるのかと。

―― セクメト神は、不条理な世の中へ動き出す状態に、警告、活を入れようとされているということですか。

Layra そうなのでしょう。

―― 本当に謎解きのロールプレイングゲームですね。愛媛で起きている地震をバヌアツに繋げてみなさい、そこから神様の意図を汲み取りなさい、ということを、Layra さんに教えてい

245

る。

Layra この神様ごとの活動が始まってから、「マントルを鎮めよ、マントルを鎮めよ」というメッセージをずっともらい続けていますから、重要なキーワードの一つに、噴火やマントルの変動に関わる「火」があるのです。

―― 先ほど出ました瀬織津姫本の後に、磐長姫（イワナガヒメ）の本にも関わりましたが、富士の9の姫でも登場したイワナガヒメは地球内部のマントルや地核に関わる神様です。ある意味、岩で地球内部の神。瀬織津姫の水に対して、イワナガヒメはマントルやマグマを鎮めるのにとても重要な神様。イワナガヒメと瀬織津姫、これまで隠されてきた女神様でもある。そこに目を向けて感じなさいという意味でもあるかもしれませんね。

沖縄にて重要な「つがいのご神事」を決行！
善と悪、破壊と平和、疫病と癒やしを繋ぐ

Layra セクメトを調べると、ライオンの頭を持つ頭には赤い円盤を乗せており、まるでハトホルみたいですけど、太陽の灼熱を表現し、破壊神にして復讐者でありますが、王の守護神と書いてあります。

第三録　「神／己の真実を言わざる」をひっくり返せ！

　瀬織津姫も饒速日の妻であり、守護神で、シャーマンで、ノロ。今回の沖縄で、繋いできた場所がそうでした。王と沖縄の姫と言われるノロが離れて祀られていた。それを一緒にするということで、今回（５月）の沖縄のときに、つがいに繋がるご神事を沖縄県の某所でやりました。

――　それで、沖縄で蝶々のつがいのことをおっしゃっていたのですね。ノロ婆の祭祀場の庭に、蝶がつがいで来て、ずっとメッセージを送ってきましたけど、沖縄で私と合流する前日に、ノロ婆と剣の候補の女性と３人のご神事で繋げてきたのですね。

Layra　はい。だから、蝶々が姿を現したのは繋がったことを表していたのです。また、セクメトは、王の守護神とされ、夫プタハ、息子ネフェルテムとともにメンフィス３神を構成しながら、一方で死をもたらす伝染病に繋がる神とされて、火のような息を吐くと恐れられた戦いの女神でもあるのです。

――　伝染病に繋がる神ですね……。

Layra　でも、一方で家庭では穏やかな女神でもあるという……。「まるで私とノロ婆にそっくりじゃない？」となった。
　菅原道真も祟り神と言われますけど、そうではなく、きちんと礼を尽くして対峙すれば、祟りの逆へと働いてくれるのです。

「すさまじい破壊力を持つセクメトは、一転すれば超強力な守護神となります。実際、古代エジプト人はセクメトを安定と癒やしをもたらす女神として信仰していました」。そのように言われています。真逆じゃないですか。

「その力にすがりました。セクメトは女神像の左手に持つ丸い持ち物を握っていて、これは生命を象徴するアンクで、人々の命、生命力を盛り立てる力を意味していると考えられます。セクメトは人々を守り、病気や怪我を癒やす神様でもあったのです」

―― 伝染病に繋がる神でもあるセクメトが、裏を返すと、今必要な神様であるということが何を意味するのか……これからコロナだけでなく、得体の知れない疫病がますます流行ってひどくなると言う話も出ていますが、そんな疫病を鎮める神としてひっくり返るという暗示でしょうかね。

Layra　じつは今回、それも繋いできたのです。

―― 要は、沖縄で、つがいを繋ぐ、表と裏（善と悪、陽と陰）を繋いで、疫病（の裏側と出てくる表側）を鎮めるご神事を沖縄県の某所でされたのですね。

Layra　そうなのです。

――　その神事にかかわる詳細は、公開できないのですね。

Layra　痛みを鎮めるご神事になりますが、それ以上は言えないのです。

――　それはすごく大事な裏神業だったのですね。

Layra　それで、この本からも内地に入るエネルギーの流れにして。神様を繋げたことで痛みを鎮める仕掛けに……。

――　ご神事で各ポイントを繋げることで、エネルギーが流れる、通す仕組みをつくっていると言っていましたが、危険回避の重大事ですね。

Layra　そういう繋ぎをしていることで、上から降りてくるメッセージも全部繋がっていきます。それで、この本のお役割にも繋がってくるのです。

第3の目を復活させて「勘」を機能させることそれが、救われる者を増やすことに繋がる

Layra　ご先祖様たちから降りてくるメッセージでは、私たち

のような神様ごとをやっている者や祈りごとに参加している人
たちに、

「人々みな平等に、ご先祖様の供養してくださいということを
伝えてほしい」と言います。だから、きっとそのことも伝えて
ということを本に記すんだねと。

　お役割の方たちは、もっと会って行き来することで点と点が
結ばれて、忘れたお役割の記憶も思い出してくる。私たち夫婦
も、わからずにずっとぐるぐる回されて、いろんなところに行
ってきました。

　でも、ノロ婆に出会って、「それはここに繋げるんだよ」と
目の前でそれを見せられて、現実の現象としてわかってくるの
です。

　それをやることで大難を小難にするグループもいますし、一
般の方たちも、こういったご神事は家でやることもできるし、
「ご先祖様はこうだね」と話したり思い出すことで、バックに
付いている人たちもうれしいのです。そして、いろんな助けも
してくれます。

　本来、人間には第3の目*が機能して、勘で察しがついたりす
るのだけれども、食べ物だったり、情報だったり、いろんな要
因で目覚めないようになってしまっている。

　やはり、目覚めの人をもっと増やさなければいけないので、
私は書記さんに会って話をして、必要な人たちへ伝わるように
していくのだろうなと思っています。

　　　　＊第3の目：サードアイ。第6チャクラとも呼ばれる眉間のあたり。松果体
　　　　の活性により開き始めると、エネルギーの出入りにより、おでこのあたり
　　　　のムズムズや違和感が生じると言われ、感じ取る力「勘」の能力が高まる
　　　　と言われる。

第三録　「神／己の真実を言わざる」をひっくり返せ！

（＊このインタビューの後、馬に絡めたメッセージがたくさん降りてきています。世の中が、さらに大きく動き出す／走り出す兆しを馬で見せているようです。また、ノロ婆にも馬の頭の人間による夢のお告げが来ています。脳に海馬という器官がありますが、闇に呑み込まれた知識と記憶の宝庫である海馬、さらに第3の目（松果体）の機能が取り戻されると世界は光に包まれる、そのような啓示です）

──　先日、沖縄でもお話ししましたけど、人間の意識が上がることによって、地球も生命体ですから、地球の母体も大きな動きをするのも時にはとどめたり、助かる人は助かるし、助からない人は助からないかもしれないですけど、大難を小難にするということに繋がることでもあるのですね。地球の動きも含めて、そういうことでしょうね。

　昔から、超古代文明の滅亡は大洪水などで、人類がほぼ滅亡という、血の入れ替えというというのはありましたけど、そこまで大事に至らないようなことに繋がるということですね。

Layra　意識を上げるというのはそういうことです。

──リラ／ライラのお話も、いろいろ宇宙種族も入っていますし、宇宙だけではない、地球で崇められている神様たちも連動して、何とか今存在している人間に「目覚めてくれ」と動いて

251

いる……その繋ぎのお役目を担っていらっしゃる。以前は、学校のようにもう少し、神様ごとをやる可能性のあった方々もいたようですが、現在は、ノロ婆と、Layraさん、お寺の女性の方、ご主人、などの方々が中心となって、裏のご神事で動いていらっしゃるのですね。

Layra 書記さんもそうだと思います。「私たちに降りてきたものを人々に、日本語にしてわかりやすく伝える役割なのだろうね」と、ノロ婆と話していたのです。もう私たちも限界だから。ただ、ノロ婆は「繋がる人は、繋がるから（神様は）会わせるし、でも、それを慎重にやらなければね」と言っています。

—— 大事に守らないといけないですし、守りながら広めていくという作業に入りますね。そうでないと、先日の「見ざる言わざる聞かざる」の飛行機（第二録参照）ではありませんが、大事なことをかき消そうとしたり、いろいろな妨害もありますね。

Layra そういったことを伝えているのだなと思いました。真反対両面の顔を持つセクメトも来ているので、ノロ婆が、「全部救ってあげたいけれども、悪い血は残せない」。厳しい現実もあるかもしれません。
　リラもヒューマノイドで、手と体がある宇宙の高次の存在だ

第三録 「神／己の真実を言わざる」をひっくり返せ！

ったのが、闇と光に分かれてしまった。ベガやプレアデスやシリウスに移民して、純粋な光のエネルギー体と、テクノロジーに偏った危険な技術とに分かれてしまった。この地球にも降り立って、その存在たちが、過去を踏まえて、今どのようによみがえらせるかということです。

そうでなければ、またこの星を壊してしまいかねないから、振り子にしながら、選別されているということだろうと感じています。

だから、わかる人にはわかって、繋げて、テレパシーのように引き合わせしたりしているのです。私の先祖の忌部も離散して、各地の場所にポイントを置いたところに、縁のある者が気づき、今後に繋がるように思いを馳せる……ということで、時間を超越してループしながら上がっていく感じです。

―― 救われる人は救われるようになっている。厳しい言い方ですけど、日月神示にもそう書いてあるようです。だから、本当に目覚めて全うするという意識で感じ取れるかどうかということですね。

 ## 10に秘められた世の扉を開くという啓示が十種神宝の鎮魂の法も目覚めを加速させる

Layra 厳しいことをネットで書くと怖がるだろうなと思いま

す。私とかノロ婆はそれを受け取っているから、「こんなこと
は私も信じたくないけれど、けっこう（神様方は）厳しいこと
言っています」と言ったら「まさに今だね」、急がなきゃとい
うことで、今回、神様も「（取材に）来なさい」と言っている
から、沖縄取材も急きょやりましょうという流れになりました。

　ノロ婆が、「10月10日に、本ができないのかね」と。10・
10を沖縄ではトートーメーと言うようですが、ご先祖という
意味なのです。饒速日と瀬織津姫はつがいです。このつがいが
復活して、遡れば私たちのご先祖であり、神でありということ
になります。

　私たちは十種神宝を繋げていますが、今まで7、8、9と繋
げてきて、次は10、十というのが世の次の扉を開くという意
味があって、重要な開示のポイントなのです。

　私がいろんなところに呼ばれて啓示がボンと繋がるときは、
絶対に十字の門が出てくるのです。ですから、ノロ婆も、「十
月十日（とつきとうか）だ。これはご先祖様から（のメッセー
ジ）だよ」と言っていました。十に大きな意味があるというこ
となのです。

　黙示録にも、「十種神宝を饒速日に授けたから、それを使っ
て痛みを払いのけたり、国の災い事を鎮めたりするように」と
触れています。まさに神宝なのです。今、多くの方は注意散漫
になっていて、自分軸で立つという行為を忘れています。鎮魂
は鍛錬から成るというのもあって、十種神宝の鎮魂の法で、自

分軸で立つ鍛錬をやれば、より速い目覚めになるだろうということを、私も学ばせてもらってすごく感じています。

 沖縄入り前に訪れた諏訪での不思議現象　今までの活動がすべて繋がっていることを確信

Layra　じつは今回の５月に沖縄に行く前の日に、諏訪に行っているのです。そのときにも不思議な現象が起きました。

　儀式なんて通りすがりの人たちが怖がるからここでは開けませんし、どこかないかなと探したら、木が祀られている神域の場所がありました。ご神体自体が祀られているのです。主人が羅針盤を持っているので、「こっちから裏に行けるよ」と言って、行ったら人が全然おらず、でも、ご神体が裏から見えました。

　そこで、「ここだ」と言って開けた瞬間、ご神体の前に川がチョロチョロと流れていて、私たちはお供え物とか出すのですが、リンゴがポロポロと落ちた。これは通ったという意味なのです。龍神さんが食べに来たり、そこにいる神様が「お供え物をありがとう」と言って食べたりします。

「あ、リンゴが転がった」やっぱりここのポイントで合っている。

「沖縄に入るから、今までもらっているメッセージでちゃんと大難が小難になりますようにお繋ぎください」というご神事を

しているときに、黒と白の鳥が目の前でリンゴを食べていました。陰陽だな、ちゃんと神様ごとを通してくれた。私の真鶴の家がルーターポイントとなって沖縄に繋げて、一緒に来てくれているなと思ったのです。

　そうしたら、ノロ婆から連絡で「いやあ、雷神と風神と龍神が私のところにもずっと来ている」と言っています。諏訪は風神。前で触れた茨城で、ヤマトタケルがいたところは雷神で、菅原道真さんは雷神。沖縄に行く日に、私は朝３時に起きて、真っ暗な中ベランダにいると、以前聞いた「ギャーッ」という鳴き声が……シラサギでした。ヤマトタケルの神の使いはシラサギで、そのまま沖縄に行ったのだなと。いろいろな存在がサインを出してくれて繋がりました。

沖縄のご神事で色のついた珠が降りてきた
神様ごとの活動が、第２章に突入したことの啓示

　今回の沖縄でご神事をやったときに、珠（玉）がいくつか降りてきました。

　私の神様は、玉依姫、如意輪観音様、弥勒菩薩＊であったり瀬織津姫ですけれど、如意宝珠といって、玉／珠を手に乗せているのです。意のままに願いをかなえるという神様の宝と書きます。

　その聖域では、王と姫が別々で祀られていましたが、王様の

＊弥勒菩薩：釈迦牟尼仏の入滅後56億７千万年後に現われ、人々を救済するとされる未来仏。大日如来や弥勒菩薩より「これから大変だから記録を取り続けろ」のお告げが降りてきた。

場所では、「皆さん、先祖を大事に供養してください。それを皆さんに伝えてください」というメッセージ。

　姫様の場所では、前でも述べた、私の神様の玉手箱が目前でパカッと割れました。「エッ！」と驚くと、ノロ婆が、「次に、王の上を繋げる役割があるから、（玉手箱が）開いたんだよ」と話し、剣の候補の女性も、「（私たちの活動は）第2章が始まっちゃいましたね」と言いました。

　そして、ご神事の繋ぎのあとに、珠がいくつか出てきたのです。

「何でその珠を見せましたか」と神様に聞くと、

「ミコト、ミコト、あなたにはミコトが付いているでしょ」と言うのです。ミコトの言葉でピンと来たのが、饒速日。そして、「十種神宝であなたは鎮魂しているから、そうした役割の人たちに珠を出している」と説明してくれました。

　その珠の色にはそれぞれ意味があって、水色は「伝える」、スロートチャクラの玉でもある。グリーンは「平和」「真実の愛」。最後に出てきたオレンジは「意思」「決意」「丹田」「立てる」という意味です。

「皆さんそれぞれに、意思をブレなく伝えて」という意味で、その珠を使ってくださいということでお渡ししました」という啓示を受けました。

宇宙天／神様方の啓示はこうして降ろされる
霊媒巫女が行う秘儀「国難回避」と「真我開発」の舞台裏

（上左）巨大な黒い龍蛇が現れた沖縄某所の海岸洞窟（上右）「神様の実印」の啓示を受け、神様に認めてもらう修行へ（左中）沖縄の言葉で降りた啓示をノロ婆たちに訳してもらい宇宙軸へ繋ぐご神事（右中）火の神への御願（左下）神様の実印で拝所の神仏に繋ぐノロ婆口伝の拝み廻りを行う御嶽内部（右下）神人達の修行御嶽で線香を灯す

第三録 「神／己の真実を言わざる」をひっくり返せ！

沖縄取材の日に発生した大規模な太陽フレア 「7つの龍の悪さ」を鎮めるご神事で大事に至らず

Layra 沖縄でノロ婆と書記さんを引き合わせた沖縄取材インタビューの日に、太陽フレア＊がありました。

―― 日本ではありえないオーロラが各地で出たということで、騒ぎになっていますね。

Layra 世界中はそういった太陽フレアのエネルギーでそうなった。オーロラとかも出ていたらしいですね。

　あの取材インタビューの後、じつはブルーエイビアンの映像がたくさん撮れたのです。でも、それをインターネットに上げようとしても、バンされて絶対に上げられなかった……。
「伝えたらいけないの？」と思いながら、ネットの検索を始めると、ブルーエイビアンに関する記事が、「これらを見よ」という具合に目の前に現れたのです。そこには、太陽フレアが2020何年からマックスになった……そして、その太陽フレアのせいで5月（のあの日）に、多くの人が亡くなるという内容で……。

＊太陽フレア：太陽表面の黒点の周辺で発生する爆発現象。これにより電磁波や高エネルギー粒子が最短約8分で地球に到達し、太陽風が磁気嵐となって通信インフラや電力網などの様々な障害や、地球上の生命や環境に大きな影響を及ぼす恐れがあると言われる。

―― 太陽フレアによる電磁波で、人類の文明に深刻な影響を与える可能性や、地球生命の種の保存に関わるという話は、以前からありましたね。沖縄取材の日がヤバかった……。

Layra　でも、思惑どおりにはいかなかったということでしょう。５月のノロ婆へのインタビュー前日のときに、「痛みを鎮める神」のところにも行って、大難を小難に替えるご神事もやったのです。その聖なる場所が、じつは世界と日本の真ん中に位置するところと言われて、「そこには、七つの頭を持つ龍が悪さをしていたらしいという言い伝えがある」と。

――七つの龍が悪さをするという伝説ですか……。世界は７大陸ありますから、それぞれの大陸に住まう巨悪をモニターするポイントがそこにあるのでしょうか……そこで、フレア騒ぎの前日に行った沖縄でのご神事によって、世界でのフレアの影響が軽減された可能性があるのですね。

Layra　私たちはその聖なる場所に入る前から、繋ぎをやっていて、メッセージが来ているのは八大龍王さんでした。今回一緒に入った剣の候補の女性も、「沖縄に入る前に、奈良の天河にある八大龍王さんのところに行かされたんです」と言っていました。

第三録 「神／己の真実を言わざる」をひっくり返せ！

―― 七頭龍のところに行くまえに、八大龍王さんと繋がっていて……箱根の九頭龍さんは、頻発する地震を収めるために動いてくださっているということを、前の項でお話しされていましたね。七、八、九と龍繋ぎになっておりますね。

Layra すべてが同時進行だなと思ったのです。
　５月に聖なる場所をご神事で巡ったことで、黄泉の国とご先祖の国とここ（現界）が「繋がりなさい」とご神事することで、小難になる。今回、繋げるときに、紅白のリボンをギュッと結ぶ映像を見せられたのです。「衣食住、すべてのものをきちんと供養してください。そうしたら結ぶ」と降りてきた。

―― 結ぶ＝くくる、九（頭龍）に繋がるということですね。本来の種の保存の法則（第一録の冒頭）に立ち返れということでしょうね。

Layra それを伝えてくださいというメッセージでしたね。

 疫病や伝染病の猛威が意味すること
死ぬか生きるか、血の入れ替えの時迫る！？

―― やはり疫病とか感染、最近よく報道されている劇症型溶

＊劇症型溶連菌感染症：劇症型溶血性レンサ球菌感染症。突発的に発症し、急速に多臓器不全に進行するβ溶血を示すレンサ球菌による敗血症性ショックの病態。メディアなどでは「人食いバクテリア」と紹介されている。

261

連菌感染症もありますね。溶連菌感染症は、感染しても治るものですが、劇症型溶連菌感染症は、通常細菌がいない組織に侵入して感染すると短時間で体内に溶連菌が広がり重篤な症状になる、人喰いバクテリアと言われる悪魔の病。それが流行り始めているというのです。

Layra　私は血を洗うハーブを飲んでいます。本当に血を洗うのです。ジャブジャブ入れ替えてきれいにします。

――　私も以前、医者から「原因不明の病気です」と言われ、39度以上の熱が下がらず半月ほど入院したことがあって、それが溶連菌感染症でした。今、怖いと言われるのは、さらに劇症型の溶連菌感染症。今、人間の免疫力が低下しているのでしょうか。帯状疱疹[*]の増加も言われていますし、細菌やウイルスによる病が増えていますね。コロナ以降からでしょうか……。
　先日の沖縄取材のときに、ノロ婆と Layra さんが、どんどん重大なことや、手に負えないようなことも起こりうるという話をされていて、そういう疫病や伝染病が、また手に負えない形で広がるのかもしれないと思ったりもしました。

Layra　ノロ婆はそれを鎮める裏のご神事をやるということで、書記さんのインタビューの前日ご神事で集まったのです。「これから病気も増えていくから、痛みをとることに繋げるんだ

＊帯状疱疹：神経に潜んでいた水痘・帯状疱疹ウイルスが活性化することで
　発症する皮膚疾患。通常右側、または左側どちらか一方に出るのが特徴。
　痛みを伴う皮膚症状が３週間ほど継続すると言われる。

第三録 「神／己の真実を言わざる」をひっくり返せ！

（上）長崎の豊玉姫神社にて （下）沖縄の洞窟。「玉置きに行け＝己の御魂を鎮め置く＝
活力失った魂に活力を与え再生する」鎮魂のメッセージとともに大きな龍蛇が現れる

263

よ」と。前にお話ししたセクメトの働きにぴったり重なってくるのです。

—— セクメトは、まさに疫病や伝染病を祓うお役割もありましたね、両極の顔のもう一つの顔が出れば……。コロナはやはり大きな転換期なのですね。厳しい意味で言えば、ふわふわしている地球人に、いよいよグレンとひっくり返って、入れ替えをすることなのかもしれません。

Layra　ノロ婆も私も、血の入れ替えと言っています。

—— 血の入れ替えにしても、気づく人には気づいて生き長らえてほしいし、気づいて亡くなったとしても来世で、またどういうふうな感覚で戻れるかというのもあるかもしれません。いずれにしても、気づいて目覚める感覚の動きが大事であると……。

Layra　死んだら、違うところに転生できないと言っている人もいます。魂の世界で、もう封鎖される次元も。

—— ４次元がなくなり、霊界での浮遊の状態がないというのもあるようです。

Layra　続きから始めると思っていても、これからはそうはいかない。だから、本当に真のことをしていないと、神は観察しているから、いよいよ「真に戻れ」ですね。

──　本来の我に返る、真に戻ることによって意識を上げないと、本当に救われないという状況になるということでしょう。

 ## 2024年、2025年をどう乗り越えるか 本当の心の入れ替えができれば、 以後はよき流れに

Layra　地震や災害など天変地異もありますし、疫病や伝染病など病も、すべてここに含まれています。本当に生きるか死ぬかですよというぐらいのことです。
「このままでは、こんな状況になってしまうよ」ということが、今現実に起こっていて昨年（2023年）から参加され始めた方も、「ノロ婆やLayraの言っていたことは、本当だった」と、皆さん思い始めているようです。

──　ハッと気づいて、どう入れかえるか。そうやって気づいていく人が増えていくことで、まさに大難を小難に替えるということですね。そういうご活動と、裏神業がダブルであるわけで、Layraさんも大変ですけれど。

Layra 助けてほしいです。

—— ノロ婆や、剣の候補の女性の方も……。

Layra ノロ婆も、こちらに来たときに一緒にお話ししてくれたら心強いですね。だから、この本を読んでもらったら、こういったこともやっていますというお話を、ある程度クローズの形になるかもしれませんが、お話しする機会がありましたら……。

　私たちも沖縄にご神事で入るほかに、これから東北にも神様ごとで上がらなきゃダメということになっています。ノロ婆たちも本土に入ってくることが多くなると言っています。
　関東のほうから、さらに北海道まで繋げなければと言っています。そうやって、こちらに来たときにお話を聞いてもらうとか、必要で本当に学ばないといけない方は沖縄に行くとか、そういう連携で動いて2024年、2025年をどのように乗り越えていくかという感じですね。

—— 2025年がとくに大変なのですね。

Layra その後はよくなるというのは言われております。

―― そこをどうくぐり抜けるか、どんな状況であっても、その乗り越え方をどう一人ひとりが見極めて判断して行動していくか。

Layra 本当にどんな状況であっても、後悔のないように日々を生きる。「あした死ぬかもしれない」という気持ちで、目の前の家族と、大事な人たちと、本当に生きるということを感じていらっしゃる方も増えているのではないでしょうか。そのあり方は、とてもいい兆候と感じます。

―― だから、心の入れ替えを。物質主義のモノだ、お金だと右往左往するだけでなく、見えない世界との連なりの中で自分は生かされているということに気づくかどうかですね。神、仏、ご先祖という三つとの繋がりをしっかり結べと、まさにおっしゃっていました。

Layra 生かされ、守られる。守ってもくれれば、罰当たりもされます。

―― そういう中で生かされているということに気づく人生の作業を……。

宇宙天／神様方の啓示はこうして降ろされる
霊媒巫女が行う秘儀「国難回避」と「真我開発」の舞台裏

Layra それをお伝えしていますよ、ということが広まったら
いいですね。どうぞよろしくお願いいたします。

第三録 「神／己の真実を言わざる」をひっくり返せ！

ご祭神：天照国照彦天火明櫛玉饒速日尊、如意輪観音、俱利伽羅大龍不動明王、五頭龍、龍宮童子（鎌倉の祭祀場）

宇宙巫女 ✿ Layra ライラ

尸童（よりまし）祈禱霊術師

宇宙の星々から降りてきた龍の落とし子＝龍族達を、裏ご
神事の技（古代からの口伝超神業・呪術）によって天変災
厄の大難から小難へ回避させるミッションを遂行中。宇宙
天／神々からの啓示をお繋ぎ（完遂）するために日本全国
を駆け巡る。

また長年、巫病（ふびょう）／カミダーリに苦しんできた
自身の経験に基づき、本場沖縄で「神の道」の役割を持つ
人達を覚醒させる育成指導も行っている。

瀬織津姫、玉依姫等に呼ばれ、25年以上連れ添う夫ととも
に移住した鎌倉では、光の御柱を立てて祭祀場を設け、本
儀に則り、神通力、天眼通、降神術によって人々へ託宣。
人間関係の改善や、真の愛へのアウトプットにより人生を
よりよく生きる方法をお伝えする真我開発のカウンセリン
グを行い、さらには開運龍脈の同行参拝を開催するなど、
活動は多岐にわたる。

大阪出身。現在は鎌倉に在住。

Note

https://note.com/mariaseed/all

【宇宙天／神様】から降り来るリアルRPG
「裏ご神事」霊媒開示録
大難を小難に繋ぎ替える超神業

第一刷 2024年10月31日

著 者 宇宙巫女Layra

発行人 石井健資

発行所 株式会社ヒカルランド
〒162-0821 東京都新宿区津久戸町3-11 TH1ビル6F
電話 03-6265-0852 ファックス 03-6265-0853
http://www.hikaruland.co.jp info@hikaruland.co.jp
為替 00180-8-496587

本文・カバー・製本 ── 中央精版印刷株式会社
DTP ── 株式会社キャップス
編集担当 ── 溝口立太

落丁・乱丁はお取替えいたします。無断転載・複製を禁じます。
©2024 Layra Printed in Japan
ISBN978-4-86742-429-2

ヒカルランド 好評既刊!
地上の星☆ヒカルランド　銀河より届く愛と叡智の宅配便

真実の歴史
著者：ペトログリフ研究家　武内一忠
四六ソフト　本体2,500円+税

ヒカルランド 好評既刊!

地上の星☆ヒカルランド　銀河より届く愛と叡智の宅配便

聖徳太子コード　地球未然紀 [上巻]
著者:中山康直
A5ソフト　本体2,500円+税

みらくる出帆社ヒカルランドが
心を込めて贈るコーヒーのお店

絶賛焙煎中！

コーヒーウェーブの究極の GOAL
神楽坂とっておきのイベントコーヒーのお店
世界最高峰の優良生豆が勢ぞろい

今あなたがこの場で豆を選び
自分で焙煎して自分で挽いて自分で淹れる

もうこれ以上はない最高の旨さと楽しさ！

あなたは今ここから
最高の珈琲 ENJOY マイスターになります！

《不定期営業中》
●イッテル珈琲
 http://www.itterucoffee.com/
 ご営業日はホームページの
 《営業カレンダー》よりご確認ください。
 セルフ焙煎のご予約もこちらから。

イッテル珈琲
〒162-0825　東京都新宿区神楽坂 3-6-22　THE ROOM 4 F

みらくる出帆社
ヒカルランドの

イッテル本屋

ヒカルランドの本がズラリと勢揃い！

　みらくる出帆社ヒカルランドの本屋、その名も【イッテル本屋】手に取ってみてみたかった、あの本、この本。ヒカルランド以外の本はありませんが、ヒカルランドの本ならほぼ揃っています。本を読んで、ゆっくりお過ごしいただけるように、椅子のご用意もございます。ぜひ、ヒカルランドの本をじっくりとお楽しみください。

ネットやハピハピ Hi-Ringo で気になったあの商品…お手に取って、そのエネルギーや感覚を味わってみてください。気になった本は、野草茶を飲みながらゆっくり読んでみてくださいね。

〒162-0821 東京都新宿区津久戸町3-11 飯田橋 TH1ビル7F　イッテル本屋

ヒカルランド 好評既刊!

地上の星☆ヒカルランド　銀河より届く愛と叡智の宅配便

地球人類を誕生させた遺伝子超実験
〜NASAも探索中！ 太陽系惑星Xに現在も実在し、人類に干渉した宇宙人がいることを実証した禁断の教科書！
四六ソフト　本体 2,500円+税

宇宙船基地はこうして地球に作られた
〜ピラミッド、スフィンクス、エルサレム　宇宙ネットワークの実態〜
四六ソフト　本体 2,500円+税

マヤ、アステカ、インカ黄金の惑星間搬送
〜根源の謎解きへ！ 黄金と巨石と精緻なる天文学がなぜ必要だったのか〜
四六ソフト　本体 2,500円+税

彼らはなぜ時間の始まりを設定したのか
〜高度な人工的産物オーパーツの謎を一挙に解明する迫真の論考〜
四六ソフト　本体 2,500円+税

神々アヌンナキと文明の共同創造の謎
〜高度な知と科学による機械的宇宙文明史と聖書の物語のリンク〜
四六ソフト　本体 2,500円+税

アヌンナキ種族の地球展開の壮大な歴史
〜神々の一族が地球に刻んだ足跡を記した貴重な14の記録タブレット〜
四六ソフト　本体 2,500円+税

永久保存版　ゼカリア・シッチン[著]　竹内 慧[訳]

ヒカルランド 好評既刊！

地上の星☆ヒカルランド　銀河より届く愛と叡智の宅配便

瀬織津姫とムー大陸再浮上
著者：まあるん
四六ソフト　本体1,843円+税

磐長姫[イワナガヒメ]超覚醒！
著者：まあるん
四六ソフト　本体1,851円+税

菊理姫と聖徳太子[超]降臨！
著者：まあるん
四六ソフト　本体1,800円+税

空海の謎と日本人への金言
著者：ちかみつ
四六ソフト　本体1,800円+税

ヒカルランド 好評既刊！

地上の星☆ヒカルランド　銀河より届く愛と叡智の宅配便

ガイアの法則
著者：千賀一生
四六ソフト　本体2,000円+税

【伊勢の神様】秘伝開封
著者：羽賀ヒカル
四六ソフト　本体1,800円+税

【出雲の神様】秘伝開封
著者：羽賀ヒカル
四六ソフト　本体1,800円+税

縄文の世界を旅した
初代ススサノオ
著者：表 博耀
四六ソフト　本体2,200円+税

【イラスト完全ガイド】
110の宇宙種族と未知なる銀河
コミュニティへの招待
著者：エレナ・ダナーン
監修：上村眞理子
訳者：東森回美
四六ソフト　本体3,300円+税

現世最強
《チーム自分》のつくりかた
著者：縁ちえ
推薦：CHIE
四六ソフト　本体1,800円+税

ヒカルランド 好評既刊!

地上の星☆ヒカルランド　銀河より届く愛と叡智の宅配便

「神の学問」入門
[新装版] 先代旧事本紀大成経
著者: 後藤 隆
四六ソフト　本体2,222円+税

【復刻版】 出口王仁三郎
大本裏神業の真相
著者: 中矢伸一
四六ソフト　本体2,500円+税

【復刻版】 出口王仁三郎
三千世界大改造の真相
著者: 中矢伸一
四六ソフト　本体2,500円+税

[新装版]
日月神示 地震(二日ん)の巻
著者: 中矢伸一
四六ソフト　本体2,200円+税

増補改訂版[日月神示]
夜明けの御用 岡本天明伝
著者: 黒川柚月
四六ソフト　本体3,000円+税

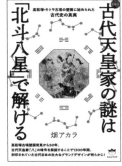

[新装版] 古代天皇家の謎は
「北斗八星」で解ける
著者: 畑アカラ
四六ソフト　本体2,500円+税

ヒカルランド　　好評二十二刷！

『完訳 日月神示(ひつきしんじ)』ついに刊行なる！　これぞ龍神のメッセージ!!

完訳　日月神示
著者：岡本天明
校訂：中矢伸一
本体5,500円＋税（函入り／上下巻セット／分売不可）

中矢伸一氏の日本弥栄の会でしか入手できなかった、『完訳　日月神示』がヒカルランドからも刊行されました。「この世のやり方わからなくなったら、この神示を読ましてくれと言うて、この知らせ(しるし)を取り合うから、その時になって慌てん様にしてくれよ」（上つ巻　第9帖）とあるように、ますます日月神示の必要性が高まってきます。ご希望の方は、お近くの書店までご注文ください。

「日月神示の原文は、一から十、百、千などの数字や仮名、記号などで成り立っております。この神示の訳をまとめたものがいろいろと出回っておりますが、原文と細かく比較対照すると、そこには完全に欠落していたり、誤訳されている部分が何か所も見受けられます。本書は、出回っている日月神示と照らし合わせ、欠落している箇所や、相違している箇所をすべて修正し、旧仮名づかいは現代仮名づかいに直しました。原文にできるだけ忠実な全巻完全バージョンは、他にはありません」（中矢伸一談）